Racconti in Rumeno

Racconti in Rumeno per principianti e intermedi

Adrian Albescu

greenthumbpublishing@gmail.com

Contenuti

Introduzione

La lettura di una lingua straniera è uno dei modi più efficaci per migliorare le competenze linguistiche e ampliare il vocabolario. Tuttavia, a volte può essere difficile trovare materiali di lettura coinvolgenti e di livello adeguato, che diano una sensazione di realizzazione e di progresso. La maggior parte dei libri e degli articoli scritti per i madrelingua può essere troppo lunga e difficile da capire, oppure può avere un vocabolario di livello molto alto, per cui ci si sente sopraffatti e si rinuncia. Se questi problemi vi suonano familiari, allora questo libro fa per voi!

Racconti Brevi in Rumeno è una raccolta di 25 racconti non convenzionali e divertenti pensati per aiutare gli studenti di livello da principiante a intermedio di Rumeno a migliorare le loro competenze linguistiche.

Questi racconti creano un ambiente di lettura di supporto, includendo;

- Ricchi contenuti linguistici in diversi generi per intrattenere l'utente ed esporlo a una varietà di forme di parole.
- Storie brevi in capitoli per darvi la soddisfazione di finire le storie e progredire rapidamente.
- Testi scritti al vostro livello in modo da essere più facilmente comprensibili e non opprimenti.
- Traduzione italiana a pagine alterne per potervi fare riferimento direttamente riga per riga durante la lettura della storia Rumeno.
- I vocaboli chiave sono stampati in grassetto lungo tutta la storia e la traduzione per aiutare a capire meglio le parole non familiari.

- Domande di comprensione per testare la comprensione degli eventi chiave e per incoraggiare la lettura più approfondita.

Se volete ampliare il vostro vocabolario, migliorare la vostra comprensione o semplicemente leggere per divertimento, questo libro è il più grande passo avanti che farete nei vostri studi quest'anno. I Racconti Brevi in Rumeno vi daranno tutto il supporto di cui avete bisogno, quindi sedetevi, rilassatevi e lasciate correre la vostra immaginazione mentre venite trasportati in un magico mondo di avventura, mistero e intrighi - in Rumeno!

Come utilizzare questo libro

La lettura è un talento difficile da padroneggiare. Nella nostra lingua madre usiamo una serie di micro-abilità per aiutarci a leggere. Ad esempio, possiamo sfogliare un brano per avere una comprensione approssimativa del contenuto. Oppure potremmo sfogliare numerose pagine di un orario ferroviario alla ricerca di un orario o di un luogo specifico. Mentre queste micro-abilità sono una seconda natura quando leggiamo nella nostra lingua madre, la ricerca rivela che spesso dimentichiamo la maggior parte di esse quando leggiamo in una lingua straniera. Quando si impara una lingua straniera, di solito si parte dall'inizio di un testo e lo si sfoglia, cercando di capire ogni singola parola. Inevitabilmente, ci imbattiamo in termini sconosciuti o complessi e ci infastidisce l'incapacità di comprenderli.

Uno dei maggiori vantaggi della lettura di una lingua straniera è quello di essere esposti a un gran numero di frasi ed espressioni che vengono utilizzate nelle situazioni quotidiane. La lettura intensiva è un termine usato per descrivere la lettura per piacere al fine di imparare una lingua. Non è come la lettura di un libro di testo, quando le conversazioni o i testi sono concepiti per essere letti lentamente e con attenzione con l'obiettivo di comprendere ogni parola. La "lettura intensiva" si riferisce alla lettura effettuata per raggiungere obiettivi di apprendimento specifici o per completare compiti. In altre parole, la lettura approfondita dei libri di testo di solito favorisce l'apprendimento di regole grammaticali e di un vocabolario particolare, mentre la lettura intensiva di storie favorisce l'apprendimento del linguaggio

naturale.

I Racconti Brevi in Rumeno vi offriranno l'opportunità di conoscere meglio la lingua naturale Rumeno in uso, anche se forse avete iniziato il vostro percorso di apprendimento delle lingue esclusivamente con i libri di testo. Ecco alcuni suggerimenti da tenere a mente mentre leggete le storie di questo libro per trarne il massimo beneficio: Quando si tratta di leggere, il divertimento e il senso di realizzazione sono fondamentali. Si continua a tornare perché ci si diverte a leggere. Leggere ogni storia dall'inizio alla fine è il metodo migliore per godersi le storie e sentirsi realizzati. Di conseguenza, la cosa più importante è arrivare alla fine di una storia. È più importante che conoscere ogni singola parola.

Più si legge, più si acquisisce conoscenza. Se si leggono libri più grandi per piacere, si acquisisce rapidamente una conoscenza di come funziona la Rumeno. Tuttavia, tenete presente che per ottenere tutti i benefici della lettura estensiva, dovete prima leggere un volume sufficientemente consistente. Leggere qualche pagina qua e là può insegnare qualche parola nuova, ma non farà una differenza significativa nel livello generale di Rumeno.

Accettate il fatto che non riuscirete a comprendere tutto ciò che leggete in un romanzo. Questo è, senza dubbio, il punto più cruciale! Ricordate sempre che non capire tutte le parole o le frasi è assolutamente accettabile. Non significa che le vostre competenze linguistiche siano inadeguate o che il vostro rendimento sia scarso. Indica che state partecipando attivamente al processo di apprendimento.

Guida alla lettura

Per trarre il massimo beneficio dalla lettura di Racconti Brevi in Rumeno, è meglio seguire questo semplice processo di lettura in sei fasi per ogni capitolo dei racconti:

1. Leggete il titolo del capitolo. Pensate al tema della storia. Poi leggete la storia fino in fondo. Il vostro obiettivo è semplicemente quello di arrivare alla fine della storia. Pertanto, non fermatevi a cercare le parole e non preoccupatevi se ci sono cose che non capite. Cercate semplicemente di seguire la trama.

2. Quando arrivate alla fine della storia, scrutate la traduzione italiana per vedere se avete capito cosa è successo e per cogliere il contesto che vi è sfuggito.

3. Tornate indietro e rileggete la stessa storia. Se volete, potete concentrarvi di più sui dettagli della storia rispetto a prima, ma altrimenti leggete semplicemente un'altra volta.

4. Successivamente, leggete le domande di comprensione in Rumeno per verificare la vostra comprensione degli eventi chiave della storia. Se non capite completamente le domande, non preoccupatevi. Utilizzate le vostre conoscenze per rispondere al meglio.

5. A questo punto dovreste aver compreso gli eventi principali del capitolo. In caso contrario, potreste rileggere il capitolo alcune volte utilizzando la traduzione per controllare le parole e le frasi sconosciute fino a quando non vi sentirete sicuri.

Una volta che siete pronti e sicuri di aver capito cosa è successo - che sia dopo una o più letture della storia - passate alla storia successiva e continuate a godervi la storia al vostro ritmo, proprio come fareste con qualsiasi altro libro.

Solo una volta completata una storia nella sua interezza, si può pensare di tornare indietro e studiare il linguaggio della storia in modo più approfondito, se lo si desidera. Oppure, invece di preoccuparvi di capire tutto, prendetevi del tempo per concentrarvi su ciò che avete capito e congratularvi con voi stessi per quanto avete fatto.

Racconti in Rumeno

București

Ioniță Ștefănescu este o **tânără care** tocmai s-a mutat din satul ei mic de la țară în București. Este entuziasmată să înceapă o nouă viață în marele oraș, dar descoperă rapid că nu este atât de ușor pe cât credea că va fi. Ioniță își găsește un **loc de muncă** la o piață locală, dar orele lungi și salariul mic îi fac greu să se descurce. Începe să se simtă ca și cum ar fi **blocată** într-o rutină și se întreabă dacă nu cumva există mai mult decât atât în viață. Într-o zi, Ioniță întâlnește o femeie pe nume Lila, care îi povestește despre un club **clandestin** numit Blue Moon, unde oamenii merg să danseze, să bea și să se distreze fără să se îngrijoreze de lumea exterioară. Ionita este intrigată de această idee și decide să meargă să vadă și ea The Blue Moon într-o seară, după serviciu.

Ioniță este nervoasă în timp ce se îndreaptă spre Luna Albastră, **neștiind la** ce să se aștepte. Dar imediat ce intră înăuntru, știe că o să se distreze. Clubul este întunecat și misterios, cu lumini albastre care luminează **ringul de dans**. Ioniță se simte ca și cum ar fi fost transportată într-o altă lume. Începe să danseze și uită de toate problemele ei. Pentru prima dată după luni de zile, se simte **vie** și fericită. Dansează toată noaptea și își face noi prieteni care îi împărtășesc dragostea

Bucarest

Ionita Stefanescu è una giovane **donna** che si è appena trasferita a Bucarest dal suo piccolo villaggio in campagna. È entusiasta di iniziare la sua nuova vita nella grande città, ma scopre subito che non è così facile come pensava. Ionita trova **lavoro** in un mercato locale, ma le lunghe ore di lavoro e la paga bassa le rendono difficile arrivare a fine mese. Comincia a sentirsi **bloccata** in una routine e si chiede se ci sia qualcosa di più nella vita. Un giorno, Ionita incontra una donna di nome Lila, che le parla di un club **clandestino** chiamato Blue Moon, dove la gente va a ballare, bere e divertirsi senza preoccuparsi del mondo esterno. Ionita è incuriosita dall'idea e decide di andare a vedere di persona il Blue Moon una sera dopo il lavoro.

Ionita è nervosa quando si reca al Blue Moon, **incerta** su cosa aspettarsi. Ma non appena mette piede all'interno, sa che si sta per divertire. Il locale è buio e misterioso, con luci blu che illuminano la **pista da ballo**. Ionita si sente come trasportata in un altro mondo. Inizia a ballare e dimentica tutti i suoi problemi. Per la prima volta dopo mesi, si sente **viva** e felice. Balla tutta la notte e si fa nuovi amici che condividono il suo amore per la musica e il **ballo**.

pentru muzică și **dans**.

A doua zi, Ioniță se trezește odihnit și revigorat. Ea decide să renunțe la slujba de la piață și să înceapă să exploreze mai mult Bucureștiul, acum că știe că viața înseamnă mult mai mult decât să muncească toată ziua. Ioniță descoperă că Bucureștiul este un oraș plin de istorie, **cultură** și viață de noapte. Își petrece zilele **explorând** diferitele cartiere și învățând despre oamenii care locuiesc acolo. De asemenea, începe să învețe mai multe despre ea însăși și despre ceea ce își dorește de la viață. Un an mai târziu, Ioniță este o persoană complet diferită față de cum era atunci când a ajuns pentru prima dată în București. Este încrezătoare, fericită și și-a găsit locul în **lume**. De fiecare dată când se gândește la vechea ei viață din **sat, i se** pare că a trecut o viață. Ioniță știe că Bucureștiul este acum casa ei și că nu ar vrea să plece niciodată.

Il giorno dopo, Ionita si sveglia rinfrescata e rinvigorita. Decide di lasciare il suo lavoro al mercato e di iniziare a esplorare meglio Bucarest, ora che sa che c'è molto di più nella vita che lavorare tutto il giorno. Ionita scopre che Bucarest è una città ricca di storia, **cultura** e vita notturna. Trascorre le sue giornate **esplorando** i diversi quartieri e imparando a conoscere le persone che vi abitano. Inizia anche a conoscere meglio se stessa e cosa vuole dalla vita. Un anno dopo, Ionita è una persona completamente diversa da quella che era quando è arrivata a Bucarest. È sicura di sé, felice e ha trovato il suo posto nel **mondo**. Ogni volta che ripensa alla sua vecchia vita **nel villaggio**, le sembra che sia passata una vita. Ionita sa che Bucarest è ormai la sua casa e non vorrebbe mai andarsene.

Întrebări de înțelegere

1. Cum se numește clubul la care merge Ionită?

2. Care este culoarea principală a clubului?

3. Cum se simte Ionită atunci când se află în club?

4. Cu cine se întâlnește Ionită la club?

5. Ce îi spune Lila lui Ionită despre club?

6. Cum se simte Ionită când se trezește a doua zi?

7. Ce face Ionită după ce își dă demisia?

8. Cum este un an mai târziu pentru Ionită?

9. Ce părere are Ionită despre viața din sat?

10. Unde este casa lui Ionită?

Domande di comprensione

1. Come si chiama il locale che frequenta Ionita?

2. Qual è il colore primario del club?

3. Come si sente Ionita quando è al club?

4. Chi incontra Ionita al club?

5. Cosa dice Lila a Ionita del club?

6. Come si sente Ionita quando si sveglia il giorno dopo?

7. Cosa fa Ionita dopo aver lasciato il lavoro?

8. Come si presenta Ionita un anno dopo?

9. Cosa pensa Ionita della vita del suo villaggio?

10. Dove si trova la casa di Ionita?

Munții Carpați

Munții Carpați sunt un loc **frumos**, dar periculos. Eu și familia mea făceam o drumeție prin ei când am auzit deodată un zgomot puternic. Părea că ceva vine spre noi! Ne-am ascuns repede după niște **stânci**, dar orice ar fi fost, ne-a găsit. S-a dovedit a fi un urs mare! Ursul a început să ne atace și a trebuit să ne luptăm pentru viețile noastre. Din fericire, am reușit să ucidem ursul înainte ca acesta să ne facă vreun **rău serios.** Cu toate acestea, această experiență mi-a lăsat un respect profund pentru pericolele din Munții Carpați. Eu și familia mea făceam o drumeție prin Munții Carpați când am auzit **brusc** un zgomot puternic. Părea că ceva vine spre noi!

Ne-am ascuns repede după niște pietre, dar orice ar fi fost, ne-a găsit. S-a dovedit a fi un urs mare! Ursul a început să ne atace și a trebuit să ne **luptăm** pentru viețile noastre. Din fericire, am reușit să ucidem ursul înainte ca acesta să ne facă vreun rău serios. Cu toate acestea, această experiență mi-a lăsat un **respect** profund pentru pericolele din Munții Carpați. După întâlnirea cu ursul, am decis să ne întoarcem. Eram cu toții zdruncinați și nu am vrut să ne asumăm niciun risc. În timp ce începeam să ne îndreptăm spre **munte, am auzit un** alt zgomot. De data aceasta, părea că cineva

Carpazi

I Carpazi sono un luogo **bellissimo** ma pericoloso. Io e la mia famiglia stavamo facendo un'escursione quando all'improvviso abbiamo sentito un forte rumore. Sembrava che qualcosa stesse venendo verso di noi! Ci siamo subito nascosti dietro alcune **rocce**, ma qualunque cosa fosse, ci ha trovati. Si è rivelato essere un grosso orso! L'orso ha iniziato ad attaccarci e abbiamo dovuto lottare per la nostra vita. Per fortuna siamo riusciti a uccidere l'orso prima che potesse farci del **male**. Tuttavia, questa esperienza mi ha lasciato un profondo rispetto per i pericoli dei Carpazi. Io e la mia famiglia stavamo facendo un'escursione nei Carpazi quando **improvvisamente** abbiamo sentito un forte rumore. Sembrava che qualcosa stesse venendo verso di noi!

Ci siamo nascosti rapidamente dietro alcune rocce, ma qualsiasi cosa fosse, ci ha trovato. Si è rivelato un grande orso! L'orso ha iniziato ad attaccarci e abbiamo dovuto **lottare** per la nostra vita. Per fortuna siamo riusciti a uccidere l'orso prima che potesse farci del male. Tuttavia, questa esperienza mi ha lasciato un profondo **rispetto** per i pericoli dei Carpazi. Dopo l'incontro con l'orso, abbiamo deciso di tornare indietro. Eravamo tutti scossi e non volevamo correre

plângea. Am urmărit sunetul și am găsit o fetiță care se **rătăcise**.

Era îngrozită și plină de zgârieturi de la alergarea în tufișuri. Am liniștit-o și am ajutat-o să găsească drumul înapoi spre siguranță. Munții Carpați sunt un loc frumos, dar pot fi foarte **periculoși** dacă nu ești atent. În cele din urmă am reușit să ne întoarcem la **mașină** și am plecat din Munții Carpați. A fost la limită, dar am fost cu toții în siguranță. Nu voi uita niciodată ce s-a întâmplat **în timpul** drumeției noastre și voi fi mereu **recunoscător că am reușit să** scăpăm cu viață. Munții Carpați sunt un loc frumos, dar sunt și foarte periculoși. Dacă vă aflați vreodată în munți, asigurați-vă că rămâneți în alertă și urmăriți orice semn de pericol.

rischi. Mentre iniziavamo a scendere dalla **montagna**, abbiamo sentito un altro rumore. Questa volta sembrava che qualcuno stesse piangendo. Seguimmo il suono e trovammo una bambina che si era **persa**.

Era terrorizzata e coperta di graffi per essere finita nei cespugli. L'abbiamo confortata e aiutata a ritrovare la strada per la salvezza. I Carpazi sono un posto bellissimo, ma possono essere molto **pericolosi** se non si fa attenzione. Alla fine siamo riusciti a tornare alla nostra **auto** e ad allontanarci dai Carpazi. Ci è mancato poco, ma eravamo tutti salvi. Non dimenticherò mai quello che è successo **durante la** nostra escursione e sarò sempre **grata** che ne siamo usciti vivi. I Carpazi sono un luogo bellissimo, ma anche molto pericoloso. Se vi trovate in montagna, assicuratevi di stare all'erta e di prestare attenzione a qualsiasi segnale di pericolo.

Întrebări de înțelegere

1. Ce spune autorul despre Munții Carpați?

2. Ce s-a întâmplat când familia era în drumeție?

3. Care a fost zgomotul pe care l-au auzit?

4. Ce au găsit când au urmărit zgomotul?

5. De ce s-a pierdut fetița?

6. Cum s-a simțit familia când a ajuns înapoi la mașină?

7. Care este părerea generală a autorului despre Munții Carpați?

8. Ce sfat le dă autorul oamenilor care se află în munți?

9. Ce s-ar fi putut întâmpla dacă familia nu ar fi reușit să omoare ursul?

10. Ce credeți că își va aminti cel mai mult autorul despre drumeția sa?

Domande di comprensione

1. Che cosa dice l'autore dei Carpazi?

2. Cosa è successo durante l'escursione della famiglia?

3. Qual è il rumore che hanno sentito?

4. Che cosa hanno trovato quando hanno seguito il rumore?

5. Perché la bambina si è persa?

6. Come si è sentita la famiglia quando è tornata alla macchina?

7. Qual è l'opinione generale dell'autore sui Carpazi?

8. Quali consigli dà l'autore alle persone che si trovano in montagna?

9. Cosa sarebbe potuto accadere se la famiglia non fosse riuscita a uccidere l'orso?

10. Cosa pensi che l'autore ricorderà di più della sua escursione?

Sarmale

Era o zi rece de iarnă în București, iar **zăpada** cădea ușor din cer. Românii adoră sarmalele, un fel de mâncare tradițională din frunze de **varză** umplute cu carne de porc și orez. La fel și eu. Bunica mea făcea cea mai bună sarmale din lume. Ori de câte ori o vizitam, avea întotdeauna o oală de sarmale care fierbea pe aragaz, gata să fie devorată de familia ei iubitoare. Dar astăzi, nu mai există sarmale pentru mine. Indiferent cât de mult o implor și o rog pe bunica mea, ea refuză să mi-l facă. Spune că este prea bătrână și că nu mai are **puterea** de a-l face. Dezamăgit, mă târăsc înapoi acasă prin zăpadă, cu stomacul mârâind tot drumul. Ajung acasă și o găsesc pe mama în **bucătărie,** gătindu-mi o furtună.

Mirosul delicios de sarmale umple aerul, iar mie îmi vine instantaneu apa în **gură.** Se pare că a făcut suficient pentru o armată! Când o întreb de ce a gătit atât de mult, zâmbește pur și simplu și spune că știe cât de mult îmi place sarmale și a vrut să se asigure că am ce **mânca**. Mulțumindu-i din belșug, mă arunc în oala de sarmale și **devorez** cât de multe pot. Sunt absolut delicioase! Cu fiecare îmbucătură, pot simți dragostea și grija bunicii mele. Chiar dacă nu mai este printre noi, spiritul ei continuă să trăiască prin acest minunat

Sarmale

Era una fredda giornata invernale a Bucarest e la **neve** cadeva dolcemente dal cielo. I rumeni amano il loro sarmale, un piatto tradizionale fatto di foglie di **cavolo** ripiene di carne di maiale e riso. Mia nonna preparava il miglior sarmale del mondo. Ogni volta che andavo a trovarla, aveva sempre una pentola di sarmale che sobbolliva sul fornello, pronta per essere divorata dalla sua amorevole famiglia. Ma oggi non c'è sarmale per me. Per quanto io possa implorare e supplicare mia nonna, lei si rifiuta di prepararlo per me. Dice che è troppo vecchia e non ha più la **forza** di prepararlo. Delusa, torno a casa arrancando nella neve, con lo stomaco che brontola. Arrivo a casa e trovo mia madre in **cucina**, intenta a cucinare.

Il delizioso profumo di sarmale riempie l'aria e mi viene subito l'acquolina in **bocca**. Sembra che ne abbia preparato abbastanza per un esercito! Quando le chiedo perché ne ha cucinato così tanto, mi risponde semplicemente sorridendo che sa quanto mi piace il sarmale e che voleva assicurarsi che ne **avessi** in abbondanza. Ringraziandola sentitamente, mi tuffo nella pentola di sarmale e ne **divoro quanti più ne** posso. Sono assolutamente deliziosi! A ogni morso sento l'amore e la cura di mia nonna. Anche se non c'è

fel de mâncare. În fiecare iarnă, îmi propun să vizitez **mormântul** bunicii mele și să am o oală de sarmale care să fiarbă la foc mic pe aragaz, așa cum făcea ea. Este modul meu de a-i cinsti memoria și de a o păstra vie în **inimile** noastre.

În timp ce mă așez să mă bucur de un alt bol delicios de sarmale, nu pot să nu zâmbesc, știind că, deși a murit, moștenirea ei continuă să trăiască prin acest fel de mâncare pe care îl iubim cu toții atât de mult. Sarmale nu este doar un **fel de mâncare,** este o parte din ceea ce suntem. Este o parte din cultura și **istoria noastră**. Și va continua să fie transmisă din generație în generație, aducându-ne pe toți împreună în acest proces. Așadar, data viitoare când vă veți bucura de un **bol** de sarmale, gândiți-vă un moment la cei care au venit înaintea noastră și au făcut din acest fel de mâncare ceea ce este astăzi. Și aceasta este povestea sarmalei. Un fel de **mâncare** care este mult mai mult decât o simplă **mâncare**. Este o parte din identitatea noastră și va continua să ne aducă pe toți **împreună în** anii ce vor urma.

più, il suo spirito continua a vivere attraverso questo piatto meraviglioso. Ogni inverno mi riprometto di visitare la **tomba** di mia nonna e di far bollire sul fuoco una pentola di sarmale, proprio come faceva lei. È il mio modo di onorare la sua memoria e di tenerla viva nei nostri **cuori**.

Mentre mi siedo per gustare un'altra deliziosa ciotola di sarmale, non posso fare a meno di sorridere sapendo che, anche se lei non c'è più, la sua eredità continua a vivere attraverso questo piatto che tutti noi amiamo così tanto. Il sarmale non è solo un **piatto**, è una parte di ciò che siamo. Fa parte della nostra cultura e della nostra **storia**. E continuerà a essere tramandato di generazione in generazione, unendoci tutti. Quindi, la prossima volta che vi sedete a gustare un **piatto** di sarmale, prendetevi un momento per pensare a coloro che sono venuti prima di noi e che hanno reso questo piatto ciò che è oggi. Questa è la storia del sarmale. Un piatto che è molto più di un semplice **alimento**. È una parte della nostra identità e continuerà a **unirci per gli** anni a venire.

Întrebări de înțelegere

1. Ce este sarmale?

2. Care este umplutura tradițională pentru sarmale?

3. De ce bunica protagonistului nu face sarmale astăzi?

4. Ce simte protagonistul atunci când simte mirosul de sarmale gătite acasă?

5. De ce mama protagonistului făcea atât de multă sarmale?

6. Cum se simte protagonistul după ce mănâncă sarmale?

7. Care este planul protagonistului pentru a onora memoria bunicii sale?

8. Care este semnificația sarmalei în cultura românească?

9. Cum se transmite sarmalele din generație în generație?

10. Despre ce este vorba în povestea lui sarmale?

Domande di comprensione

1. Che cos'è il sarmale?

2. Qual è il ripieno tradizionale del sarmale?

3. Perché la nonna del protagonista non fa il sarmale oggi?

4. Come si sente il protagonista quando sente l'odore di sarmale che sta cucinando a casa?

5. Perché la madre del protagonista produceva così tanto sarmale?

6. Come si sente il protagonista dopo aver mangiato il sarmale?

7. Qual è il piano del protagonista per onorare la memoria della nonna?

8. Qual è il significato di sarmale nella cultura rumena?

9. Come si trasmette il sarmale di generazione in generazione?

10. Di cosa parla la storia di Sarmale?

Constantin Brâncuși

Constantin Brâncuși s-a născut în 1876 în România. A crescut înconjurat de **frumoșii** Munți Carpați și de Marea Neagră. De la o vârstă fragedă, a manifestat interes pentru artă și a fost încurajat de familia sa să o urmeze. După ce a terminat liceul, s-a înscris la Școala de Arte Frumoase din București, unde a studiat timp de doi ani înainte de a se **muta la** Paris în 1900. Acolo, și-a continuat studiile la École des Beaux-Arts și și-a dezvoltat rapid un stil propriu și unic, care îl va transforma într-unul dintre cei mai importanți sculptori ai secolului XX. **Opera** lui Brâncuși se caracterizează prin simplitate și abstractizare. Scopul său a fost de a surprinde esența subiecților săi mai degrabă decât aspectul lor **fizic.** Acest lucru poate fi observat în lucrări precum "Sărutul", care înfățișează doi îndrăgostiți care se îmbrățișează fără nicio trăsătură facială, sau "Pasăre în spațiu", care prezintă o pasăre cu aripile întinse, dar fără picioare sau pene de coadă.

Deși aceste sculpturi pot părea **simple** la prima vedere, ele sunt de fapt destul de complexe și necesită o mare îndemânare pentru a fi create. De-a lungul carierei sale, Brâncuși a experimentat cu diferite materiale și **tehnici**. A folosit adesea marmură sau lemn pentru sculpturile tradiționale, dar a lucrat, de asemenea, cu bronz, metal,

Constantin Brancusi

Constantin Brancusi è nato nel 1876 in Romania. È cresciuto circondato dalle **splendide** montagne dei Carpazi e dal Mar Nero. Fin da piccolo mostra interesse per l'arte e viene incoraggiato dalla famiglia a perseguirla. Dopo aver completato le scuole superiori, si iscrisse alla Scuola di Belle Arti di Bucarest, dove studiò per due anni prima di **trasferirsi** a Parigi nel 1900. Lì continuò gli studi all'École des Beaux-Arts e sviluppò rapidamente il suo stile unico che lo avrebbe reso uno dei più importanti scultori del XX secolo. L'**opera** di Brancusi è caratterizzata da semplicità e astrazione. Il suo obiettivo era catturare l'essenza dei suoi soggetti piuttosto che il loro aspetto **fisico**. Lo si può vedere in opere come "Il bacio", che raffigura due amanti che si abbracciano senza alcun tratto del viso, o "Uccello nello spazio", che mostra un uccello con le ali spiegate ma senza zampe o piume della coda.

Sebbene queste sculture possano sembrare **semplici** a prima vista, in realtà sono piuttosto complesse e richiedono una grande abilità per essere create. Nel corso della sua carriera, Brancusi ha sperimentato diversi materiali e **tecniche**. Spesso utilizzava il marmo o il legno per le sculture tradizionali, ma lavorava anche con il bronzo, il metallo, la pietra e persino **il**

piatră și chiar sticlă, **ocazional**. Pe lângă sculptură, s-a mai ocupat și de pictură și fotografie, deși niciunul dintre aceste medii nu i-a captat vreodată imaginația așa cum a făcut-o **sculptura.** Indiferent de materialul cu care lucra sau de tehnica pe care o folosea, Brâncuși a urmărit întotdeauna perfecționismul, atât din punct de vedere estetic, cât și tehnic. O poveste interesantă despre Constantin Brâncuși implică Coloana fără sfârșit, una dintre cele mai **faimoase** sculpturi ale sale.

Versiunea originală era formată din 16 secțiuni **identice** suprapuse, dar atunci când a fost instalată în aer liber , doar 14 au putut fi folosite, deoarece erau prea înalte. Așa că, în schimb , Brancusis a tăiat două secțiuni de jos, făcându-le mai scurte decât toate cele de deasupra lor. Acest lucru a **creat** o iluzie optică prin care Coloana Fără Sfârșit părea mult mai înaltă decât era de fapt atunci când era privită de la distanță; toate cele 16 **secțiuni** păreau a fi încă intacte, în ciuda faptului că au fost tăiate fizic. Constantin Brâncuși a murit în 1957, la vârsta de 81 de ani. A fost incinerat, iar cenușa sa a fost împrăștiată în jurul Coloanei fără sfârșit , pe care o considera cea mai importantă lucrare a sa. Astăzi, sculpturile sale pot fi găsite în muzee din întreaga lume și continuă să **inspire** artiști din toate mediile.

vetro. Oltre alla scultura, si dilettò anche con la pittura e la fotografia, anche se nessuno dei due mezzi catturò mai la sua immaginazione come la **scultura**. Indipendentemente dal materiale con cui lavorava o dalla tecnica che utilizzava, Brancusi ha sempre ricercato il perfezionismo, sia dal punto di vista estetico che tecnico. Una storia interessante su Constantin Brancusi riguarda La colonna infinita, una delle sue sculture più **famose**.

La versione originale consisteva in 16 sezioni **identiche** impilate l'una sull'altra, ma quando è stata installata all'aperto è stato possibile utilizzarne solo 14 perché troppo alte. Brancusis ha quindi tagliato due sezioni dal basso, rendendole più corte di tutte quelle sovrastanti. In questo modo **si creava** un'illusione ottica per cui la Colonna senza fine appariva molto più alta di quanto fosse in realtà quando la si guardava da lontano; tutte le 16 **sezioni** sembravano ancora intatte nonostante fossero state fisicamente tagliate. Constantin Brancusi morì nel 1957 all'età di 81 anni. Fu cremato e le sue ceneri furono sparse intorno alla Colonna senza fine, che egli considerava la sua opera più importante. Oggi le sue sculture si trovano nei musei di tutto il mondo e continuano a **ispirare** artisti di ogni genere.

Întrebări de înțelegere

1. Unde s-a născut Constantin Brâncuși?

2. Care a fost mediul de lucru ales de Constantin Brâncuși?

3. Cum se numea una dintre cele mai cunoscute sculpturi ale lui Constantin Brâncuși?

4. Ce a făcut Constantin Brâncuși cu cenușa sa după ce a murit?

5. Care a fost scopul lui Constantin Brâncuși cu sculpturile sale?

6. Ce școală a urmat Constantin Brâncuși pentru educația sa artistică?

7. În ce an s-a mutat Constantin Brâncuși la Paris?

8. Ce tip de sculptură este “Sărutul”?

9. Din ce era compusă versiunea originală a Coloanei fără sfârșit?

10. Cum a reușit Constantin Brâncuși să facă Coloana fără sfârșit să pară mai înaltă decât este în realitate?

Domande di comprensione

1. Dove è nato Constantin Brancusi?

2. Qual era il mezzo di comunicazione scelto da Constantin Brancusi?

3. Come si chiama una delle sculture più famose di Constantin Brancusi?

4. Cosa fece Constantin Brancusi con le sue ceneri dopo la morte?

5. Qual era l'obiettivo di Constantin Brancusi con le sue sculture?

6. Quale scuola ha frequentato Constantin Brancusi per la sua formazione artistica?

7. In che anno Constantin Brancusi si è trasferito a Parigi?

8. Che tipo di scultura è "Il bacio"?

9. Da cosa era composta la versione originale di The Endless Column?

10. Come ha fatto Constantin Brancusi a far sembrare La colonna infinita più alta di quanto non fosse in realtà?

Urșii bruni

Ursul brun era foarte obosit. **Mergea** de zile întregi, de când văzuse în depărtare incendiul uriaș de pădure. Flăcările erau din ce în ce mai aproape, iar ursul știa că trebuie să găsească un loc sigur unde să se ascundă. În cele din urmă, după ceea ce părea o veșnicie, ursul a dat peste o peșteră **mică.** Era suficient de mare pentru el și s-a târât repede înăuntru. Peștera era întunecată și mucegăită, dar era **mai bine** decât afară, unde fumul de la foc îl făcea să respire cu greu. Ursul s-a ghemuit într-un ghem și a încercat să doarmă. Următorul lucru pe care ursul l-a observat a fost că a fost scuturat și trezit. A deschis ochii groggy și a văzut un grup de oameni care **stăteau în fața** lui. Cu toții purtau haine ciudate și aveau rucsacuri mari în spate. Ursul nu știa ce erau, dar nu-i plăcea cum arătau.

Unul dintre oameni a făcut un pas înainte și a spus **ceva** într-o limbă pe care ursul nu o putea înțelege. Dar după tonul vocii sale, părea că întreabă dacă ursul este bine. Ursul s-a holbat la el pentru o clipă înainte de a da încet din cap “da”. Omul a zâmbit și le-a făcut semn celorlalți să își **lase jos** rucsacurile. Aceștia au făcut cum le-a spus și apoi s-au așezat ei înșiși, scoțând ceva **mâncare** din saci. După câteva minute, unul dintre ei a ridicat o bucată de carne spre urs și i-a făcut

Orsi bruni

L’orso bruno era molto stanco. **Camminava** da giorni, da quando aveva visto in lontananza il grande incendio della foresta. Le fiamme si avvicinavano sempre di più e l’orso sapeva di dover trovare un posto sicuro dove nascondersi. Finalmente, dopo un’eternità, l’orso si imbatté in una **piccola** grotta. Era grande quanto bastava per entrarci e si infilò rapidamente all’interno. La grotta era buia e ammuffita, ma era **meglio** che stare fuori, dove il fumo del fuoco rendeva difficile respirare. L’orso si raggomitolò e cercò di dormire. Un attimo dopo, l’orso fu scosso di soprassalto. Aprì gli occhi stancamente e vide un gruppo di umani **in piedi di fronte a** lui. Indossavano tutti abiti strani e avevano grandi zaini sulla schiena. L’orso non sapeva cosa fossero, ma l’aspetto non gli piaceva.

Uno degli umani si fece avanti e disse **qualcosa** in una lingua che l’orso non poteva capire. Ma dal tono della sua voce, sembrava che stesse chiedendo se l’orso stesse bene. L’orso lo fissò per un attimo prima di annuire lentamente con la testa: “Sì”. L’umano sorrise e fece cenno agli altri di **posare** i loro zaini. Fecero come aveva detto e si sedettero a loro volta, tirando fuori un po’ di **cibo** dalle loro borse. Dopo qualche minuto, uno di loro alzò un pezzo di carne verso l’orso e gli fece

semn să se apropie. Tentativ, ursul a făcut câțiva pași înainte și a mirosit mâncarea oferită înainte de a o lua cu grijă în gură. Trecuseră câteva zile de când ursul îi întâlnise pentru prima dată pe oameni. Rămăsese cu ei în **peștera** lor, iar aceștia îi dăduseră chiar și un nume: Smokey. Oamenii erau buni cu el, iar lui Smokey îi plăcea să fie în preajma lor.

De multe ori îi dădeau de mâncare, iar uneori ajungea chiar să **doarmă** în patul lor! Dar astăzi, ceva a fost diferit. Oamenii își împachetau repede lucrurile, iar Smokey putea simți că erau **speriați** de ceva. Nu a durat mult până când ursul a aflat ce se întâmplă. Un alt grup de oameni - acesta purtând haine închise la culoare și având arme - a intrat în peșteră. Smokey nu știa ce se întâmpla, dar își dădea seama că primul grup de oameni era în pericol. Fără să mai stea pe **gânduri, a atacat cel** de-al doilea grup de oameni, mârâind cu ferocitate în timp ce făcea acest lucru. Ceilalți oameni au fost luați prin surprindere de atacul brusc și au fugit cât de repede au putut, lăsându-și **camarazii** răniți în urmă în graba lor de a scăpa. Smokey a stat protector deasupra oamenilor căzuți până când au sosit ajutoarele pentru a-i lua de acolo. Știa că nu-i va mai vedea vreodată , dar spera că vor fi **bine**.

cenno di avvicinarsi. L'orso fece qualche passo avanti e annusò il cibo offerto prima di prenderlo in bocca con delicatezza. Erano passati alcuni giorni da quando l'orso aveva incontrato per la prima volta gli umani. Era rimasto con loro nella loro **grotta** e gli avevano anche dato un nome: Smokey. Gli umani erano stati gentili con lui e a Smokey piaceva stare con loro.

Gli davano spesso da mangiare e a volte riusciva persino a **dormire** nel loro letto! Ma oggi c'era qualcosa di diverso. Gli umani stavano facendo le valigie in fretta e Smokey sentiva che avevano **paura** di qualcosa. Non passò molto tempo prima che l'orso scoprisse cosa stava succedendo. Un altro gruppo di umani, questo con abiti scuri e armi in mano, entrò nella grotta. Smokey non sapeva cosa stesse succedendo, ma capì che il primo gruppo di umani era in pericolo. Senza **pensarci** oltre, caricò il secondo gruppo di umani, ringhiando ferocemente. Gli altri umani furono colti di sorpresa dall'attacco improvviso e corsero via il più velocemente possibile, abbandonando i **compagni** feriti nella fretta di fuggire. Smokey si mise a proteggere gli umani caduti finché non arrivarono i soccorsi per portarli via. Sapeva che non li avrebbe più rivisti, ma sperava che stessero **bene**.

Întrebări de înțelegere

1. Ce a văzut ursul brun în depărtare care l-a făcut să înceapă să meargă?

2. Ce a simțit ursul când i-a văzut prima dată pe oameni?

3. Ce au făcut oamenii când al doilea grup de oameni a intrat în peșteră?

4. De ce primul grup de oameni și-a lăsat în urmă camarazii răniți?

5. Ce părere a avut ursul brun despre oameni după ce a petrecut ceva timp cu ei?

6. Cum arăta cel de-al doilea grup de oameni?

7. Ce a făcut primul grup de oameni când a văzut al doilea grup de oameni?

8. Ce a făcut ursul brun când a văzut al doilea grup de oameni?

9. Când i-a întâlnit ursul brun prima dată pe oameni?

10. Ce era diferit la oameni când Smokey i-a văzut împachetându-și lucrurile?

Domande di comprensione

1. Che cosa ha visto l'orso bruno in lontananza che lo ha spinto a camminare?

2. Cosa ha provato l'orso nei confronti degli umani quando li ha visti per la prima volta?

3. Cosa fecero gli umani quando il secondo gruppo di umani entrò nella grotta?

4. Perché il primo gruppo di umani ha lasciato indietro i compagni feriti?

5. Come si sentiva l'orso bruno nei confronti degli umani dopo aver trascorso un po' di tempo con loro?

6. Che aspetto aveva il secondo gruppo di esseri umani?

7. Cosa fece il primo gruppo di umani quando vide il secondo gruppo di umani?

8. Cosa fece l'orso bruno quando vide il secondo gruppo di umani?

9. Quando l'orso bruno ha incontrato per la prima volta gli umani?

10. Cosa c'era di diverso negli umani quando Smokey li ha visti fare i bagagli?

Castelul Bran

Soarele abia începuse să apună când Castelul Bran a intrat în vizor. Era o priveliște frumoasă, cocoțat în vârful unui **deal** în mijlocul Transilvaniei. Cerul era plin de culoare, iar castelul părea să strălucească în lumină. Pe măsură ce se apropiau, grupul a putut vedea că porțile erau deschise și nu părea să fie nimeni în jur. Au ezitat o clipă, dar apoi au decis să intre înăuntru. După ce au **intrat, au** început să exploreze castelul. Era sinistru de liniștit și nu părea să existe semne de **viață** nicăieri. Și-au dat seama curând că nu erau singuri, totuși, când au auzit pași venind de la etaj. Mai era cineva în castel! S-au îndreptat cu precauție spre **etaj**, urmând pașii. În curând au ajuns la o ușă care era ușor **întredeschisă**.

Aruncând o privire înăuntru, au văzut pe cineva stând în fața unei **ferestre,** privind soarele care apunea. Persoana s-a întors și au văzut că era o femeie în vârstă. Avea o față blândă și a **zâmbit** când i-a văzut. Le-a făcut semn să intre și s-a prezentat ca fiind contesa Dracula. Le-a spus că soțul ei, Vlad Țepeș, murise de mulți ani, dar ea încă mai locuia în castel pentru că acesta îi purta atâtea amintiri. Contesa Dracula le-a arătat grupului împrejurimile **castelului** și le-a spus povești despre istoria acestuia. Ea a vorbit

Castello di Bran

Il sole aveva appena iniziato a tramontare quando il castello di Bran si affacciò alla vista. Era uno spettacolo bellissimo, arroccato su una **collina** nel mezzo della Transilvania. Il cielo era colorato e il castello sembrava risplendere nella luce. Avvicinandosi, il gruppo vide che i cancelli erano aperti e che non c'era nessuno. Esitarono per un momento, ma poi decisero di entrare. Una volta **entrati**, iniziarono a esplorare il castello. Era stranamente silenzioso e non sembrava esserci alcun segno di **vita** da nessuna parte. Si accorsero subito di non essere soli, però, quando sentirono dei passi provenire dal piano superiore. C'era qualcun altro nel castello! Con cautela si diressero **al piano superiore**, seguendo i passi. Arrivarono a una porta leggermente **socchiusa**.

Sbirciando all'interno, videro una persona in piedi davanti a una **finestra**, che guardava il sole al tramonto. La figura si girò e videro che si trattava di una donna anziana. Aveva un viso gentile e **sorrise** quando li vide. Fece loro cenno di entrare e si presentò come Contessa Dracula. Disse loro che suo marito, Vlad Tepes, era morto da molti anni, ma che lei viveva ancora nel castello, perché conservava tanti ricordi per lei. La Contessa Dracula mostrò al gruppo il **castello** e

despre Vlad Țepeș cu mare dragoste și admirație, chiar dacă era cunoscut ca un conducător crud. Când a început să se facă noapte, i-a invitat să rămână la **cină**.

În timpul cinei, contesa i-a întrebat dacă vor să audă una dintre poveștile **preferate ale** lui Vlad... Povestea despre cum a fost înjunghiat. Toți au fost de acord că le-ar plăcea să o audă! Așa că contesa a început... "Totul a început într-o noapte întunecată, exact ca aceasta." Pe măsură ce contesa își continua povestea, **grupul** devenea din ce în ce mai **captivat**. Aproape că îl puteau vedea pe Vlad Țepeș în fața lor, împungându-și dușmanii în țepușe. Era o poveste macabră, dar fascinantă. Când povestea s-a terminat, toată lumea i-a mulțumit contesei pentru că a împărtășit-o cu ei. I-au urat **noapte bună** și s-au retras în camerele lor. În timp ce se aflau în pat, au putut auzi în **depărtare** urletul lupilor.

raccontò la sua storia. Parlò di Vlad Tepes con grande amore e ammirazione, anche se era conosciuto come un sovrano crudele. Quando iniziò a calare la notte, li invitò a rimanere per **cena**.

Durante la cena, la contessa chiese se volevano ascoltare una delle storie **preferite** di Vlad... La storia di come fu impalato. Tutti furono d'accordo che avrebbero voluto ascoltarla! Così la contessa iniziò... "Tutto iniziò in una notte buia, proprio come questa". Mentre la contessa continuava la sua storia, il **gruppo** era sempre più **affascinato**. Potevano quasi vedere Vlad Tepes davanti a loro, che impalava i suoi nemici su dei pali. Era un racconto raccapricciante ma affascinante. Quando la storia finì, tutti ringraziarono la contessa per averla condivisa con loro. Le diedero la **buonanotte** e si ritirarono nelle loro stanze. Mentre erano a letto, sentirono il rumore dei lupi che ululavano in **lontananza**.

Întrebări de înțelegere

1. Cum arată castelul?

2. Cum este cerul?

3. Cum arată castelul în lumină?

4. Ce face grupul când vede castelul?

5. Ce își dau seama când se află în interiorul castelului?

6. Cine se află în castel cu ei?

7. Ce le spune bătrâna?

8. Ce îi invită să facă?

9. Despre ce este vorba în poveste?

10. Ce aude grupul noaptea?

Domande di comprensione

1. Che aspetto ha il castello?

2. Com'è il cielo?

3. Che aspetto ha il castello alla luce?

4. Cosa fa il gruppo quando vede il castello?

5. Di cosa si rendono conto quando si trovano all'interno del castello?

6. Chi c'è nel castello con loro?

7. Cosa dice loro l'anziana donna?

8. Cosa li invita a fare?

9. Di cosa parla la storia?

10. Cosa sente il gruppo di notte?

Delta Dunării

Delta Dunării este un loc de mare frumusețe, dar și un loc de mare **pericol**. Apele sunt înșelătoare, iar viața sălbatică este mortală. Dar pentru o femeie, Delta este casa ei. Nadia a trăit în Deltă cea mai mare parte a vieții sale. Cunoaște fiecare centimetru din ea, de la cele mai adânci adâncimi până la cele **mai înalte** vârfuri. Știe unde să găsească hrană și adăpost și cum să evite creaturile periculoase care se ascund în apele sale. Dar când soțul Nadiei este ucis de un crocodil, ea rămâne singură în Deltă, fără nimeni care să o protejeze. Nadia a fost întotdeauna o supraviețuitoare. S-a născut în Deltă, iar **părinții** ei au învățat-o cum să trăiască din pământ. Nadia a făcut tot ce a putut pentru a rămâne în viață în Deltă. A vânat pentru hrană, a construit adăposturi și a evitat cu orice preț contactul cu alți **oameni.**

Într-o zi, Nadia a întâlnit un bărbat pe nume Alexei, care locuia și el în Deltă. Acesta i-a povestit despre viața lui înainte de a veni în Deltă și despre cum a pierdut **totul** când familia lui a murit într-un incendiu. Nadia s-a simțit atrasă de el și, în timp, au devenit prieteni. Nadia și Alexei au continuat să trăiască **împreună** în Deltă, construindu-și încet-încet o viață pentru ei înșiși. Au vânat și au pescuit împreună, iar Nadia chiar

Delta del Danubio

Il Delta del Danubio è un luogo di grande bellezza, ma anche di grande **pericolo**. Le acque sono insidiose e la fauna selvatica è letale. Ma per una donna il Delta è la sua casa. Nadia vive nel Delta da quasi tutta la vita. Ne conosce ogni centimetro, dai fondali più profondi alle vette **più alte**. Sa dove trovare cibo e riparo e come evitare le pericolose creature che si nascondono nelle sue acque. Ma quando il marito di Nadia viene ucciso da un coccodrillo, lei rimane sola nel Delta senza nessuno che la protegga. Nadia è sempre stata una sopravvissuta. Era nata nel Delta e i suoi **genitori** le avevano insegnato a vivere sulla terra. Nadia ha fatto tutto il possibile per rimanere in vita nel Delta. Cacciava per procurarsi il cibo, costruiva rifugi ed evitava a tutti i costi il contatto con altre **persone**.

Un giorno Nadia incontrò un uomo di nome Alexei che viveva anch'egli nel Delta. Le raccontò della sua vita prima di arrivare nel Delta e di come aveva perso **tutto** quando la sua famiglia era morta in un incendio. Nadia si sentì attratta da lui e col tempo divennero amici. Nadia e Alexei continuarono a vivere **insieme** nel Delta, costruendosi lentamente una vita. Cacciavano e pescavano insieme e Nadia iniziò persino a insegnargli alcune delle cose che le avevano

a început să-l învețe unele dintre lucrurile pe care o învățaseră părinții ei. Dar într-o zi, viața lor idilică a fost spulberată când un grup de bărbați a venit în Deltă în căutarea supraviețuitorilor unui naufragiu. Aceștia i-au luat pe Nadia și pe Alexei în **captivitate, cu** intenția de a-i vinde ca sclavi. Nadia și Alexei au fost luați de către sclavagisti și vânduți unor proprietari diferiți. Nadia a fost cumpărată de un om **bogat** care a vrut-o ca servitoare personală. A fost tratată bine, dar tânjea după libertate. Între timp, Alexei a fost cumpărat de un fermier crud care l-a folosit ca forță de muncă la **ferma** sa.

Lucra din zori până la apus, fără odihnă și fără mâncare, în afară de cea pe care o putea fura noaptea din bucătăria fermei. Într-o zi, după luni de zile de planificare, Nadia a reușit în cele din urmă să evadeze din **casa** stăpânului ei. S-a întors în Deltă, unde știa că va găsi siguranță. Nadia și-a croit drum prin deltă, evitând **creaturile** periculoase care se ascundeau în apele ei. În cele din urmă, a ajuns la ferma lui Alexei. Alexei a fost șocat să o vadă pe Nadia la ferma lui. Își pierduse speranța de a o mai vedea vreodată. Dar Nadia nu era acolo pentru a se reîntâlni cu el - ea era acolo pentru a se **răzbuna**. Nadia l-a atacat pe fermierul care îl înrobise pe Alexei, folosindu-și toată puterea pentru a-l ucide. Apoi l-a eliberat pe Alexei din lanțuri și au fugit împreună în noapte. Erau în sfârșit **liberi - dar** viața lor în Deltă nu va mai fi niciodată la fel.

insegnato i suoi genitori. Un giorno, però, la loro vita idilliaca fu sconvolta quando un gruppo di uomini giunse nel Delta in cerca di sopravvissuti a un naufragio. Fecero **prigionieri** Nadia e Alexei, con l'intenzione di venderli come schiavi. Nadia e Alexei furono portati via dai negrieri e venduti a diversi proprietari. Nadia fu acquistata da un uomo **ricco** che la volle come sua serva personale. Fu trattata bene, ma desiderava la libertà. Nel frattempo, Alexei fu comprato da un crudele contadino che lo usò come manodopera nella sua **fattoria**.

Lavorava dall'alba al tramonto senza riposare né mangiare se non quello che riusciva a rubare dalla cucina della fattoria durante la notte. Un giorno, dopo mesi di pianificazione, Nadia riuscì finalmente a fuggire dalla **casa** del suo padrone. Si diresse verso il Delta, dove sapeva che avrebbe trovato sicurezza. Nadia si fece strada attraverso il Delta, evitando le pericolose **creature** che si annidavano nelle sue acque. Infine, raggiunse la fattoria di Alexei. Alexei fu scioccato nel vedere Nadia nella sua fattoria. Aveva perso la speranza di rivederla. Ma Nadia non era lì per ricongiungersi a lui: era lì per **vendicarsi**. Nadia attaccò il contadino che aveva ridotto Alexei in schiavitù, usando tutta la sua forza per ucciderlo. Poi liberò Alexei dalle catene e fuggirono insieme nella notte. Erano finalmente **liberi, ma** la loro vita nel Delta non sarebbe mai più stata la stessa.

Întrebări de înțelegere

1. Ce este Delta Dunării?

2. Care este pericolul pe care îl reprezintă Delta Dunării?

3. Cine este Nadia?

4. Ce face Nadia atunci când soțul ei este ucis?

5. Care este povestea lui Alexei?

6. Cum scapă Nadia?

7. Ce face Nadia când se întoarce în Deltă?

8. Cum se schimbă viața Nadiei după ce evadează?

9. Care este tema poveștii?

10. Care este morala poveștii?

Domande di comprensione

1. Che cos'è il Delta del Danubio?

2. Qual è il pericolo del Delta del Danubio?

3. Chi è Nadia?

4. Cosa fa Nadia quando il marito viene ucciso?

5. Qual è la storia di Alexei?

6. Come fa Nadia a fuggire?

7. Cosa fa Nadia quando torna al Delta?

8. Come cambia la vita di Nadia dopo la fuga?

9. Qual è il tema della storia?

10. Qual è la morale della storia?

Mici

Era o zi rece de iarnă în București, iar Mici, o **tânără** româncă, mergea la piață cu mama ei. Așteptase cu nerăbdare acest moment toată săptămâna. Mama ei îi promisese că îi va cumpăra din mâncarea ei preferată - mici! Mici sunt mici cârnați din carne de porc și de vită care sunt **foarte populari** în România. De obicei, se prepară la grătar sau la cuptor și se servesc cu muștar sau ketchup. Mici sunt una dintre mâncărurile preferate ale lui Mici și se bucură întotdeauna când mama ei îi cumpără. Astăzi, însă, a fost ceva **diferit în** piață. Era aproape ca și cum ar fi fost goală... Nu era niciun om în jur și nicio tarabă care să vândă vreo mâncare. Singurul lucru care se auzea era sunetul păsărilor ciripind în depărtare. Când au intrat **mai departe** în piață, au văzut de ce era atât de goală... Toată mâncarea fusese luată! Nu mai rămăsese nici măcar un fruct sau o legumă - chiar și taraba cu pâine fusese golită complet!

Mici și mama ei au fost amândouă șocate. Nu **mai** văzuseră niciodată așa ceva. Era ca și cum toată mâncarea din piață dispăruse pur și simplu! S-au mai plimbat o vreme, sperând să găsească ceva - orice - pe care să îl poată cumpăra, dar nu mai era nimic. **Dezamăgiți, au început să se** întoarcă acasă. În drum spre casă, mama lui Mici i-a spus că va trebui să

Mici

Era una fredda giornata invernale a Bucarest e Mici, una **giovane ragazza** rumena, stava andando al mercato con sua madre. Era tutta la settimana che aspettava questo momento. Sua madre le aveva promesso di comprarle il suo cibo preferito: i mici! I mici sono piccole salsicce di maiale e di manzo **molto popolari** in Romania. Di solito vengono cucinati alla griglia o al forno e serviti con senape o ketchup. I mici sono uno dei cibi preferiti di Mici, che si emoziona sempre quando sua madre glieli compra. Oggi, però, il mercato aveva qualcosa di **diverso**. Era quasi come se fosse vuoto... Non c'era gente in giro e non c'erano bancarelle che vendevano cibo. L'unica cosa che si sentiva era il cinguettio degli uccelli in lontananza. Quando si addentrarono **nel** mercato, capirono perché era così vuoto... Tutto il cibo era stato preso! Non c'era più un solo pezzo di frutta o di verdura, persino la bancarella del pane era stata completamente svuotata!

Mici e sua madre erano entrambe scioccate. Non **avevano** mai visto una cosa del genere. Era come se tutto il cibo del mercato fosse scomparso! Camminarono ancora per un po', sperando di trovare qualcosa - qualsiasi cosa - da poter comprare, ma non c'era più nulla. **Delusi**, iniziarono a tornare a casa.

rămână fără Mici astăzi. Mici a fost supărată la început, dar apoi și-a dat seama că mai erau și alți oameni în București care nu aveau nici măcar **suficientă** mâncare. A decis că este norocoasă și că ar trebui să fie recunoscătoare pentru ceea ce are. Când au ajuns acasă, mama lui Mici a început să gătească o **masă** simplă de ouă și pâine prăjită.

În timp ce gătea, Mici s-a dus în camera ei și și-a luat jucăria preferată - un cârnat mici de pluș. L-a îmbrățișat strâns în timp ce se gândea la toți oamenii din București care erau înfometați. Mai târziu, în acea noapte, în timp ce stătea întinsă în pat, Mici și-a făcut o **promisiune**: într-o zi, va ajuta să se asigure că toată lumea are suficientă mâncare. Anii au trecut și Mici a crescut și a devenit o tânără puternică și **hotărâtă.** Și-a ținut promisiunea față de ea însăși și a devenit medic. Și-a dedicat viața pentru a-i ajuta pe alții, în special pe cei care erau înfometați sau în nevoie. Mici nu a uitat niciodată ziua **rece** de iarnă în care a văzut piața goală din București. A fost o experiență care i-a schimbat viața pentru totdeauna și care a inspirat-o să facă o diferență în **lume**.

Sulla strada di casa, la madre di Mici le disse che oggi avrebbe dovuto fare a meno di Mici. All'inizio Mici era sconvolta, ma poi si rese conto che a Bucarest c'erano altre persone che non avevano nemmeno cibo **a sufficienza**. Decise che era fortunata e che doveva essere grata per quello che aveva. Quando arrivarono a casa, la madre di Mici iniziò a cucinare un semplice **pasto** a base di uova e pane tostato.

Mentre cucinava, Mici andò in camera sua e tirò fuori il suo giocattolo preferito: una salsiccia di mici ripiena. Lo abbracciò forte pensando a tutte le persone che a Bucarest soffrivano la fame. Più tardi, quella sera, mentre era a letto, Mici fece una **promessa** a se stessa: un giorno avrebbe contribuito a far sì che tutti avessero abbastanza cibo da mangiare. Gli anni passano e Mici diventa una giovane donna forte e **determinata**. Mantenne la promessa fatta a se stessa e divenne medico. Dedicò la sua vita ad aiutare gli altri, soprattutto quelli che avevano fame o erano nel bisogno. Mici non ha mai dimenticato il **freddo** giorno d'inverno in cui vide il mercato vuoto di Bucarest. È stata un'esperienza che ha cambiato per sempre la sua vita e l'ha ispirata a fare la differenza nel **mondo**.

Întrebări de înțelegere

1. Care este numele protagonistului?

2. Ce îi place lui Mici să mănânce?

3. De ce era goală piața?

4. Cum se simte Mici când își dă seama că nu mai există mâncare în piață?

5. De ce mama lui Mici trebuie să gătească o masă simplă atunci când ajung acasă?

6. Ce promisiune își face Mici atunci când se întinde în pat în acea noapte?

7. Cum se schimbă caracterul lui Mici de la începutul până la sfârșitul povestirii?

8. Ce temă este prezentă în poveste?

9. Care credeți că a fost scopul autorului în scrierea acestei povestiri?

10. Ce ai fi făcut dacă ai fi fost în locul lui Mici?

Domande di comprensione

1. Come si chiama il protagonista?

2. Cosa ama mangiare Mici?

3. Perché il mercato era vuoto?

4. Come si sente Mici quando si accorge che non c'è più cibo al mercato?

5. Perché la madre di Mici deve cucinare un pasto semplice quando tornano a casa?

6. Quale promessa fa Mici a se stessa quando si sdraia a letto quella notte?

7. Come cambia il carattere di Mici dall'inizio alla fine della storia?

8. Quale tema è presente nella storia?

9. Quale pensi sia lo scopo dell'autore nello scrivere questa storia?

10. Cosa avreste fatto se foste stati nei panni di Mici?

Palatul Parlamentului

Palatul Parlamentului este una dintre cele mai emblematice **clădiri** din București. A fost construit în timpul perioadei comuniste și este un simbol al acelei perioade. Clădirea este masivă și are multe camere și săli diferite. De asemenea, este foarte ornamentată, cu detalii complicate la exterior și în interior. Sunt ghid turistic la palat și îmi place foarte mult munca mea. Îmi place să le arăt oamenilor această clădire **uimitoare** și să le povestesc despre istoria ei. Întotdeauna îmi încep tururile vorbind despre faptul că palatul a fost construit în 1984, în timpul **dictaturii** lui Nicolae Ceaușescu. Construcția a durat peste trei ani, fiind folosite materiale din toată România. Peste 1.000 de muncitori au fost angajați pentru a lucra la proiect 24 de ore pe zi, șapte zile pe săptămână! Produsul **finit** este cu adevărat impresionant, măsurând 270 de metri lungime, 135 de metri lățime, 86 de metri înălțime și 12 etaje, cu peste 3100 de camere repartizate pe 330 de mii de **metri** pătrați.

Nu e de mirare că este considerată una dintre cele **mai mari clădiri** administrative din Europa! Și știați că, din cauza dimensiunii (și a greutății) sale, dacă ați

Palazzo del Parlamento

Il Palazzo del Parlamento è uno degli **edifici** più iconici di Bucarest. Fu costruito durante l'era comunista ed è un simbolo di quel periodo. L'edificio è enorme e ha molte stanze e sale diverse. È anche molto decorato, con dettagli intricati all'esterno e all'interno. Sono una guida turistica del palazzo e amo il mio lavoro. Mi piace mostrare alle persone questo **meraviglioso** edificio e raccontare loro la sua storia. Inizio sempre le mie visite parlando di come il palazzo sia stato costruito nel 1984, sotto la **dittatura** di Nicolae Ceaușescu. I lavori di costruzione durarono più di tre anni, utilizzando materiali provenienti da tutta la Romania. Oltre 1.000 operai sono stati impiegati per lavorare al progetto 24 ore al giorno, sette giorni su sette! Il prodotto **finito** è davvero impressionante: misura 270 metri di lunghezza, 135 metri di larghezza, 86 metri di altezza e si erge per 12 piani, con oltre 3100 stanze distribuite su 330 mila **metri** quadrati.

Non c'è da stupirsi che sia considerato uno dei **più grandi edifici** amministrativi d'Europa! E sapevate che, a causa delle sue dimensioni (e del suo peso), se si prendesse tutto il cemento utilizzato per la costruzione

lua tot betonul folosit la construcție și l-ați așeza pe o suprafață mai mare decât cea a Vaticanului? Este greu de crezut, dar adevărat! După ce împărtășesc câteva fapte amuzante despre palat, îmi duc apoi oaspeții într-un tur al **interiorului**. Începem într-una dintre numeroasele săli, care sunt toate decorate diferit. Unele au candelabre atârnate de **tavan, în** timp ce altele au picturi complicate pe pereți. Indiferent de sala în care ne aflăm, însă, toată lumea este întotdeauna uimită de cât de grandios arată totul.

Apoi trecem la una dintre părțile mele preferate din turneu: apartamentul personal al lui Ceaușescu. Aici a lucrat și a avut întâlniri cu alți oficiali. Este format din mai multe camere diferite, inclusiv o sală mare de conferințe, biroul său privat , și chiar un dormitor! Toate aceste încăperi sunt **mobilate cu** lux de amănunte și ne oferă o privire asupra modului în care trăia Ceaușescu . După ce am văzut vechile birouri ale lui Ceaușescu, ne îndreptăm spre acoperiș pentru o priveliște incredibilă a Bucureștiului. De aici de sus, se poate vedea kilometri întregi în toate direcțiile! Într-o zi senină, puteți vedea chiar până la Muntele Ceahlau, cel mai înalt vârf **montan** din România. În timp ce stăm acolo admirând priveliștea, le spun oaspeților mei că acesta este doar un exemplu de ce cred că Palatul Parlamentului este un loc atât de **uimitor.**

e lo si stendesse in piano, si coprirebbe un'area più grande della Città del Vaticano? È difficile da credere, ma è vero! Dopo aver raccontato alcune curiosità sul palazzo, accompagno i miei ospiti a visitare gli **interni**. Iniziamo da una delle tante sale, tutte decorate in modo diverso. Alcune hanno lampadari che pendono dal **soffitto**, mentre altre hanno dipinti intricati sulle pareti. Indipendentemente dalla sala in cui ci troviamo, però, tutti rimangono sempre stupiti dall'aspetto grandioso di ogni cosa.

Passiamo poi ad una delle parti che preferisco della visita: La suite dell'**ufficio** personale di Ceaușescu. Qui lavorava e teneva riunioni con altri funzionari. È composta da diverse stanze, tra cui una grande sala conferenze, il suo ufficio privato e persino una camera da letto! Tutte queste stanze sono **arredate** in modo sontuoso e ci danno un'idea di come viveva Ceaușescu. Dopo aver visto i vecchi uffici di Ceaușescu, saliamo sul tetto per godere di un'incredibile vista su Bucarest. Da quassù si può vedere per chilometri in ogni direzione! Nelle giornate limpide, si può addirittura vedere fino al monte Ceahlau, la vetta più alta **della** Romania. Mentre siamo lì ad ammirare il panorama, dico ai miei ospiti che questo è solo un esempio del perché ritengo che il Palazzo del Parlamento sia un luogo così **straordinario**.

Întrebări de înțelegere

1. Ce este Palatul Parlamentului?

2. Care este simbolul Palatului Parlamentului?

3. Câte camere și săli are Palatul Parlamentului?

4. Cum arată exteriorul și interiorul Palatului Parlamentului?

5. Când a fost construit Palatul Parlamentului?

6. Cine a construit Palatul Parlamentului?

7. Cât timp a durat construcția Palatului Parlamentului?

8. Care este dimensiunea Palatului Parlamentului?

9. Care este apartamentul personal de birouri al lui Ceaușescu?

10. Care este priveliștea de pe acoperișul Palatului Parlamentului?

Domande di comprensione

1. Che cos'è il Palazzo del Parlamento?

2. Di cosa è simbolo il Palazzo del Parlamento?

3. Quante stanze e sale ha il Palazzo del Parlamento?

4. Che aspetto hanno l'esterno e l'interno del Palazzo del Parlamento?

5. Quando è stato costruito il Palazzo del Parlamento?

6. Chi ha costruito il Palazzo del Parlamento?

7. Quanto tempo è stato necessario per costruire il Palazzo del Parlamento?

8. Qual è la dimensione del Palazzo del Parlamento?

9. Qual è la suite per ufficio personale di Ceaușescu?

10. Qual è la vista dal tetto del Palazzo del Parlamento?

George Enescu

George Enescu s-a născut în micul sat Liveni, România, la 19 august 1881. Părinții săi erau țărani săraci. George Enescu s-a născut în micul sat Liveni, România, la 19 august 1881. Părinții săi erau țărani săraci care nu și-au permis să-l trimită la **școală**. Când avea doar patru ani, tatăl său a murit, iar mama sa a rămas să îl crească singură. Când George avea șapte ani, a auzit un bărbat cântând la vioară pe stradă și a fost imediat captivat de sunet. Și-a implorat **mama** să îi cumpere o vioară, iar aceasta a cedat în cele din urmă, chiar dacă a trebuit să își vândă singura vacă pentru a o plăti. Din acea zi, muzica a devenit viața lui George. A exersat ore întregi în fiecare zi și a devenit rapid foarte priceput la acest **instrument**. La vârsta de 16 ani, George a decis să plece de acasă și să încerce să-și câștige existența ca muzician în București, capitala României. Nu a fost ușor la început, dar în cele din urmă și-a găsit de lucru cântând în cafenele și **restaurante din** oraș.

Oamenii au început să îi remarce talentul și, în curând, a început să primească oferte pentru concerte mai bune, inclusiv petreceri private pentru familii bogate și chiar câteva **spectacole** cu orchestre. Până la împlinirea vârstei de 21 de ani, George s-a impus ca

George Enescu

George Enescu nacque nel piccolo villaggio di Liveni, in Romania, il 19 agosto 1881. I suoi genitori erano poveri contadini. George Enescu nacque nel piccolo villaggio di Liveni, in Romania, il 19 agosto 1881. I suoi genitori erano poveri contadini che non potevano permettersi di mandarlo a **scuola**. Quando aveva solo quattro anni, suo padre morì e sua madre fu lasciata a crescerlo da sola. Quando George aveva sette anni, sentì un uomo che suonava il violino per strada e ne rimase subito affascinato. Implorò la **madre** di comprargli un violino e lei finalmente cedette, anche se per pagarlo doveva vendere la sua unica mucca. Da quel giorno la musica divenne la vita di George. Si esercitava per ore ogni giorno e in breve tempo divenne molto abile nello **strumento**. All'età di sedici anni, George decise di lasciare la casa e di cercare di guadagnarsi da vivere come musicista a Bucarest, la capitale della Romania. All'inizio non fu facile, ma alla fine trovò lavoro suonando nei caffè e nei **ristoranti** della città.

La gente iniziò a notare il suo talento e presto cominciò a ricevere offerte per concerti migliori, tra cui feste private per famiglie ricche e persino alcune **esibizioni** con orchestre. Quando compì ventun anni, George si era affermato come uno dei musicisti più popolari di

unul dintre cei mai populari muzicieni din București. În 1902, Enescu a întâlnit-o pe prințesa Marie Cantacuzene în timp ce cânta la una dintre **dineurile** soțului ei; aceasta avea să devină mai târziu o importantă patroană a carierei sale. În anul următor ,și-a făcut debutul ca solist la Filarmonica din Viena, ceea ce l-a lansat în faima **internațională.** În următoarele câteva decenii, Enescu a efectuat numeroase turnee în toată Europa, atât ca solist, cât și ca dirijor. În 1923 ,s-a întors în România unde a predat muzică la diferite **instituții**, inclusiv la Conservatorul din București, care îi poartă astăzi numele.

Deși cunoscut mai ales ca muzician, Enescu a fost și un compozitor talentat, ale cărui lucrări s-au **inspirat** din muzica populară românească. A scris mai multe opere, printre care Oedipe (1936) și dipe sur la route (1941-42), care sunt considerate printre cele mai bune realizări ale sale. Niciuna dintre ele nu a fost interpretată în timpul **vieții** sale din cauza totalitarismului noului regim comunist din România de după cel de-al Doilea Război Mondial, când toată muzica clasică occidentală a fost interzisă la interpretări sau difuzări publice. Abia după moartea lui Enescu, în 1955, aceste opere au putut fi ascultate din nou de publicul din țara lor natală.

Bucarest. Nel 1902, Enescu conobbe la principessa Marie Cantacuzene mentre si esibiva in una delle **cene** del marito, che in seguito sarebbe diventata un'importante mecenate della sua carriera. L'anno successivo, fece il suo debutto come solista con la Filarmonica di Vienna, che lo lanciò verso la fama **internazionale**. Nei decenni successivi, Enescu compie numerose tournée in tutta Europa, esibendosi sia come solista che come direttore d'orchestra. Nel 1923 tornò in Romania dove insegnò musica in diverse **istituzioni**, tra cui il Conservatorio di Bucarest, che oggi porta il suo nome.

Sebbene sia conosciuto soprattutto come musicista, Enescu fu anche un compositore di talento, le cui opere si **ispiravano** alla musica popolare rumena. Scrisse diverse opere, tra cui Oedipe (1936) e dipe sur la route (1941-42), che sono considerate tra i suoi migliori successi. Nessuna delle due fu eseguita durante **la** sua **vita a causa del** totalitarismo del nuovo regime comunista nella Romania del secondo dopoguerra, quando tutta la musica classica occidentale fu bandita dalle esecuzioni pubbliche o dalle trasmissioni. Solo dopo la morte di Enescu, nel 1955, queste opere poterono essere ascoltate ancora una volta dal pubblico in patria.

Întrebări de înțelegere

1. Unde s-a născut George Enescu?

2. Cu ce se ocupau părinții lui George Enescu?

3. Când a murit tatăl lui George Enescu?

4. Cum a auzit George Enescu pentru prima dată vioara?

5. Ce a fost nevoită să vândă mama lui George Enescu pentru a-i cumpăra o vioară?

6. Unde a plecat George Enescu când avea 16 ani?

7. Ce a făcut George Enescu când a ajuns la București?

8. Cine a devenit o importantă patroană a carierei lui George Enescu?

9. Ce a făcut George Enescu în 1923?

10. De ce nu au fost reprezentate operele lui Enescu în timpul vieții sale?

Domande di comprensione

1. Dove è nato George Enescu?

2. Che lavoro facevano i genitori di George Enescu?

3. Quando è morto il padre di George Enescu?

4. Come ha ascoltato per la prima volta il violino George Enescu?

5. Cosa dovette vendere la madre di George Enescu per comprargli un violino?

6. Dove è andato George Enescu quando aveva sedici anni?

7. Cosa fece George Enescu quando arrivò a Bucarest?

8. Chi divenne un'importante madrina della carriera di George Enescu?

9. Cosa fece George Enescu nel 1923?

10. Perché le opere di Enescu non furono rappresentate durante la sua vita?

La plajă

După răsăritul soarelui, valurile sunt mai puternice, iar nisipul de deasupra mareei este alb. Mă duc pe plajă, **admirând** marea și soarele. Degetele mele de la picioare simt canelurile scoicilor. Nisipul este rece pe degetele mele de la picioare. Zâmbesc și continui să merg. Mareea este mare, așa că trebuie să fiu atentă să nu fiu trasă în apă. Mă plimb pe malul apei, admirând marea. Răsăritul de soare este **frumos,** iar valurile se sparg. Mă simt atât de liniștită. Ajung la un loc unde se află o stâncă. Mă așez și privesc valurile. Apa este atât de albastră, iar cerul este atât de **portocaliu**. Mă simt de parcă aș fi într-un vis. Închid ochii și doar ascult valurile. Am stat acolo mult timp, până când am auzit pe cineva strigându-mi numele.

Deschid ochii și o văd pe mama venind spre mine. Avea o privire îngrijorată pe față. Eu zâmbesc și îi fac cu mâna, iar ea se **relaxează**. “Mă întrebam unde te-ai dus”, spune ea. “Mă bucur că te bucuri de plajă”. Îi răspund: “Chiar mă bucur”. “Este atât de frumos aici”. “Știu”, spune ea. “Obișnuiam să vin aici tot timpul când eram de vârsta ta.” “Serios?” întreb. “Da”, îmi răspunde ea. “E un loc special.” “Ai întâlnit vreodată pe cineva special aici?” Am întrebat. “Am întâlnit”, răspunde ea cu un zâmbet. “Pe tatăl tău.” “Serios?” Spun,

In spiaggia

Dopo l'alba, le onde sono più forti e la sabbia sopra la marea è bianca. Cammino verso la spiaggia, **ammirando** il mare e il sole. Le mie dita dei piedi sentono i solchi delle conchiglie. La sabbia è fredda sulle dita dei piedi. Sorrido e continuo a camminare. La marea è alta, quindi devo fare attenzione a non farmi trascinare. Cammino lungo la riva, ammirando il mare. L'alba è **bellissima** e le onde si infrangono. Mi sento così in pace. Arrivo a un punto in cui c'è una roccia affiorante. Mi siedo e guardo le onde. L'acqua è così blu e il cielo è così **arancione**. Mi sembra di essere in un sogno. Chiudo gli occhi e ascolto le onde. Rimasi seduto lì per molto tempo, finché non sentii qualcuno che chiamava il mio nome.

Apro gli occhi e vedo mia madre che viene verso di me. Ha un'espressione preoccupata. Le sorrido e la saluto, e lei **si rilassa**. "Mi chiedevo dove fossi andata", dice. "Sono contenta che ti stia godendo la spiaggia". Io rispondo: "Lo sto facendo". "È così bello qui". "Lo so", dice. "Venivo sempre qui quando avevo la tua età". "Davvero?" Chiedo. "Sì", risponde. "È un posto speciale". "Hai mai incontrato qualcuno di speciale qui?". Le chiedo. "Sì", risponde sorridendo. "Tuo padre". "Davvero?" Dico, **sorpreso**. "Sì", dice

surprinsă. “Da”, spune ea. “Obișnuiam să venim aici tot timpul împreună. Aici ne-am îndrăgostit. “ Zâmbesc, **imaginându-mi** părinții mei îndrăgostiți pe această plajă frumoasă. “Este un loc special”, repetă ea. “Mă bucur că ai venit aici astăzi”.

Mai stăm acolo o vreme, **privind** valurile și apusul. Apoi ne ridicăm și ne întoarcem la prosoapele noastre de plajă. Mă întind și mă uit la stele. Mă simt atât de fericită și mulțumită. Valurile sunt mai puternice acum, iar nisipul este rece. Soarele apune și bate o briză răcoroasă. Valurile se izbesc de țărm, iar în aer se simte mirosul de sare. Este o seară perfectă pentru a fi la plajă. Mă plimb de-a lungul țărmului, **ascultând** sunetul valurilor și privind apusul. Văd un grup de oameni care stau pe nisip, râzând și glumind. Se pare că se distrează de minune. Mă apropii de ei și îi întreb dacă pot să mă alătur lor. Ei spun da, și ne petrecem restul serii vorbind, râzând și privind **apusul de soare**. Este o seară perfectă. Eu și grupul vorbim până la apusul soarelui. Împărtășim povești și glume și ne simțim foarte bine. Pe măsură ce noaptea începe să cadă, începem cu toții să ne simțim obosiți. Ne sărutăm **de rămas bun** și ne despărțim. Mă întorc la hotel, fericit și mulțumit. Nu-mi vine să cred cât de frumos este aici. Sunt atât de norocoasă că am **trăit** această **experiență.**

lei. “Venivamo sempre qui insieme. È qui che ci siamo innamorati. “Sorrido, **immaginando i** miei genitori che si innamorano su questa bellissima spiaggia. “È un posto speciale”, ripete. “Sono felice che siate venuti qui oggi”.

Rimaniamo seduti ancora per un po’ a **guardare** le onde e il tramonto. Poi ci alziamo e torniamo ai nostri teli da mare. Mi sdraio e guardo le stelle. Mi sento così felice e soddisfatta. Le onde ora sono più forti e la sabbia è fredda. Il sole sta tramontando e soffia una brezza fresca. Le onde si infrangono sulla riva e nell’aria si sente l’odore del sale. È una serata perfetta per stare in spiaggia. Cammino lungo la riva, **ascoltando** il suono delle onde e guardando il tramonto. Vedo un gruppo di persone sedute sulla sabbia che ridono e scherzano. Sembra che si stiano divertendo molto. Mi avvicino a loro e chiedo se posso unirmi a loro. Mi rispondono di sì e passiamo il resto della serata a parlare, ridere e guardare il **tramonto**. È una serata perfetta. Io e il gruppo parliamo fino al tramonto. Condividiamo storie e battute e ci divertiamo molto. Quando la notte inizia a calare, cominciamo tutti a sentirci stanchi. Ci **salutiamo** con un bacio e ci separiamo. Torno al mio hotel, felice e soddisfatta. Non riesco a credere a quanto sia bello qui. Sono così fortunata ad averlo **vissuto**.

Întrebări de înțelegere

1. Unde se duce naratoarea după ce se trezește?

2. Ce admiră naratoarea în timp ce se plimbă pe plajă?

3. La ce trebuie să fie atentă naratoarea în timp ce se plimbă pe plajă?

4. Unde se așează naratorul pentru a se bucura de priveliște?

5. Cât timp stă naratorul acolo?

6. Pe cine vede naratoarea când deschide din nou ochii?

7. Ce spune mama naratorului?

8. Despre ce vorbesc naratoarea și oamenii pe care îi întâlnește?

Domande di comprensione

1. Dove va la narratrice dopo essersi svegliata?

2. Che cosa ammira la narratrice mentre cammina lungo la spiaggia?

3. A che cosa deve fare attenzione la narratrice mentre cammina lungo la spiaggia?

4. Dove si siede il narratore per godersi il panorama?

5. Per quanto tempo il narratore rimane seduto lì?

6. Chi vede la narratrice quando riapre gli occhi?

7. Cosa dice la madre del narratore?

8. Di che cosa parlano il narratore e le persone che incontra?

Camping la lac

Mă îndrept spre lac, **admirând** liniștea scenei. Soarele bate în jos pe micul lac, făcând ca apa să pară o foaie de sticlă. Singura mișcare este unda ocazională produsă de un pește care **sparge** suprafața. Chiar și păsările par să ia o pauză de la căldură, doar sunetul cicadelor umplând aerul. **Dintr-o dată,** liniștea este spartă de un izbit puternic. Un **pește** mare a sărit din apă, încercând să prindă o libelulă. Peștele își ratează ținta și cade înapoi în apă cu un strop. “Uau”, mă gândesc în sinea mea, “ăsta a fost un pește mare!”. M-am uitat în jur să văd dacă l-a mai văzut cineva, dar nu era nimeni prin preajmă. Cred că va trebui să le spun când mă întorc în tabără.

Căldura este **opresivă,** făcând dificilă respirația. Aerul este gros și greu, ca o pătură înfășurată în jurul tău. Singura ușurare este în apă. Este răcoroasă și revigorantă, ca o băutură rece într-o zi fierbinte. Respir adânc și mă scufund în apă. Ușurarea este imediată, în timp ce apa rece mă înconjoară. Înot până la fund și apoi mă întorc la suprafață, simțind cum apa îmi răcorește corpul. Continui să **înot** ture, bucurându-mă de răgazul de la căldură. După un timp, ies din apă și mă întind pe iarbă, lăsând soarele să-mi usuce corpul. Închid ochii și adorm, iar sunetul **cicadelor** mă adoarme

Campeggio al lago

Cammino verso il lago, **ammirando** la tranquillità della scena. Il sole batte sul piccolo lago, facendo sembrare l'acqua una lastra di vetro. L'unico movimento è l'increspatura occasionale di un pesce **che rompe** la superficie. Anche gli uccelli sembrano prendersi una pausa dal caldo, con il solo suono delle cicale che riempie l'aria. **All'improvviso**, la pace è rotta da un forte tonfo. Un grosso **pesce** è saltato fuori dall'acqua, cercando di catturare una libellula. Il pesce manca il bersaglio e ricade in acqua con un tonfo. "Wow", penso tra me e me, "quello era un pesce grosso!". Mi guardai intorno per vedere se qualcun altro l'avesse visto, ma non c'era nessuno. Immagino che dovrò raccontarlo quando tornerò al campo.

Il caldo è **opprimente** e rende difficile respirare. L'aria è densa e pesante, come una coperta che ti avvolge. L'unico sollievo è l'acqua. È fresca e rinfrescante, come una bibita fresca in una giornata calda. Faccio un respiro profondo e mi immergo nell'acqua. Il sollievo è immediato quando l'acqua fresca mi circonda. Nuoto fino al fondo e poi risalgo in superficie, sentendo l'acqua rinfrescare il mio corpo. Continuo a **nuotare** a vasche, godendomi la tregua dal caldo. Dopo un po' esco dall'acqua e mi sdraio sull'erba, lasciando

adânc. Las soarele să-mi coacă apa de pe piele. Simt cum mi se înroșește pielea, dar nu-mi pasă. Mi-e prea cald ca să-mi pese.Următorul lucru pe care îl știu este că soarele apune. Cerul este de un portocaliu frumos, cu dungi de roz și violet. Căldura a dispărut, fiind înlocuită de o **briză** răcoroasă.

Mă ridic și îmi pun hainele la loc, simțindu-mă revigorată și întinerită. **Inspir** adânc aerul rece și zâmbesc. Mă simt bine să fiu în viață. Mă întorc spre tabără, admirând felul în care culorile dansează pe cer. Văd focul de tabără arzând în depărtare și simt mirosul de fum în aer. Zâmbesc și îmi **accelerez** pasul. Sunt gata să mă relaxez și să mă bucur de restul serii. Intru în tabără și văd că toată lumea este adunată în jurul focului. **Râd** și glumesc, iar eu pot vedea focul reflectându-se în ochii lor. Zâmbesc și mă așez lângă prietenii mei. E bine să mă întorc. În dimineața următoare, mă trezesc devreme și încep să-mi împachetez lucrurile. Sunt nerăbdător să mă întorc pe traseu și să-mi continui călătoria. Îmi iau rămas bun de la prietenii mei și încep să plec. În timp ce merg, arunc o ultimă privire la **locul de campare**. Văd focul care încă arde în depărtare și simt mirosul de fum în aer. Zâmbesc și îmi accelerez pasul. Sunt gata să-mi continui **călătoria**.

che il sole asciughi il mio corpo. Chiudo gli occhi e mi addormento, mentre il suono delle **cicale** mi culla in un sonno profondo. Lascio che il sole scrosti l'acqua dalla mia pelle. Sento la pelle arrossarsi, ma non mi importa. Sono troppo accaldato per preoccuparmene. Il cielo è di un bellissimo arancione, con striature di rosa e viola. Il caldo è scomparso, sostituito da una fresca **brezza**.

Mi alzo e mi rivesto, sentendomi rinfrescata e ringiovanita. **Respiro** profondamente l'aria fresca e sorrido. È bello essere vivi. Torno al campeggio, ammirando il modo in cui i colori danzano nel cielo. Vedo il fuoco che arde in lontananza e sento l'odore del fumo nell'aria. Sorrido e **accelero il** passo. Sono pronto a rilassarmi e a godermi il resto della serata. Entro nel campeggio e vedo che tutti sono riuniti intorno al fuoco. **Ridono** e scherzano e posso vedere il fuoco riflesso nei loro occhi. Sorrido e mi siedo accanto ai miei amici. È bello essere tornati. La mattina dopo mi sveglio presto e comincio a raccogliere le mie cose. Sono impaziente di riprendere il cammino e continuare il mio viaggio. Saluto i miei amici e mi incammino. Mentre cammino, do un'ultima occhiata al **campeggio**. Vedo il fuoco ancora acceso in lontananza e sento l'odore del fumo nell'aria. Sorrido e accelero il passo. Sono pronto a continuare il mio **viaggio**.

Întrebări de înțelegere

1. Unde se îndreaptă mersul?

2. Ce fel de vreme este?

3. Cum arată apa?

4. Cum reacționează mersul pe jos la căldură?

5. Ce face peștele?

6. De ce este plimbărețul singur?

7. Cum se simte apa?

8. Cum se simte mersul după înot?

9. La ce oră din zi este când se trezește mersul?

10. Unde se duce plimbărețul când părăsește tabăra?

Domande di comprensione

1. Dove sta andando il camminatore?

2. Che tempo fa?

3. Che aspetto ha l'acqua?

4. Come reagisce il deambulatore al calore?

5. Cosa sta facendo il pesce?

6. Perché il camminatore è solo?

7. Come si sente l'acqua?

8. Come si sente il camminatore dopo il nuoto?

9. A che ora del giorno si sveglia il deambulatore?

10. Dove va l'ambulante quando lascia il campo?

Casa

M-am mutat în noua mea casă săptămâna trecută și sunt atât de **încântată**! Este mult mai mare decât cea veche și are o curte mare. Abia aștept să-mi invit prietenii la grătare și la petreceri. Partea mea **preferată** este noul meu dormitor. Este atât de mare și luminos și am mult spațiu pentru a-mi pune toate lucrurile. Sunt foarte mulțumită de noua mea casă și cred că voi fi foarte fericită aici. Am decis să mai explorez puțin casa. Am urcat la etajul al doilea și am început să mă îndrept spre bucătărie, când am văzut un păianjen mare și negru pe perete! Am țipat și am fugit la parter. Eram atât de **speriată**! Dar, după câteva minute, m-am liniștit și am decis să mă întorc la etaj. M-am îndreptat încet spre bucătărie și am văzut că păianjenul dispăruse. Am fost atât de ușurată! M-am întors jos și am decis să ies afară pentru a explora **curtea din spate**. Era atât de mare! Nu-mi venea să cred. Am văzut un leagăn în colț și un tobogan. Am văzut, de asemenea, o plasă de baschet și o **trambulină**. Eram atât de încântată!

Abia aștept să folosesc toate aceste lucruri noi. **Vecinii** au venit și s-au prezentat. Păreau foarte drăguți și am stat de vorbă o vreme. M-au invitat la grătarul lor de weekendul viitor, iar eu am spus că mi-ar face plăcere să vin. Am avut o primă săptămână minunată în noua mea casă și sunt încântată de toate noile aventuri care

La casa

La settimana scorsa mi sono trasferita nella mia nuova casa e sono così **entusiasta**! È molto più grande di quella vecchia e ha un grande cortile. Non vedo l'ora di invitare gli amici per grigliate e feste. La mia parte **preferita** è la mia nuova camera da letto. È così grande e luminosa e ho molto spazio per mettere tutte le mie cose. Sono molto contenta della mia nuova casa e penso che sarò molto felice qui. Ho deciso di esplorare ancora un po' la casa. Sono salita al secondo piano e ho iniziato a dirigermi verso la cucina quando ho visto un grosso ragno nero sul muro! Ho urlato e sono corsa di sotto. Ero così **spaventata**! Ma dopo qualche minuto mi sono calmata e ho deciso di tornare di sopra. Mi sono avvicinata lentamente alla cucina e ho visto che il ragno non c'era più. Ero così sollevata! Tornai al piano di sotto e decisi di uscire per esplorare il **giardino**. Era così grande! Non potevo crederci. Vidi un'altalena in un angolo e uno scivolo. Vidi anche una rete da basket e un **trampolino**. Ero così eccitato!

Non vedo l'ora di usare tutto questo nuovo materiale. I **vicini sono** venuti e si sono presentati. Sembravano molto gentili e abbiamo parlato per un po'. Mi hanno invitato al loro barbecue il prossimo fine settimana e ho detto che mi sarebbe piaciuto venire. La prima settimana nella mia nuova casa è stata fantastica e

mă așteaptă. Astăzi, voi merge din nou să explorez în curtea din spate și să văd ce mai pot găsi. Cine știe, poate voi găsi chiar și o **comoară**. Abia aștept să văd ce ne aduce săptămâna viitoare! Săptămâna următoare, am mers din nou să explorez în curtea din spate și am găsit o grădină **secretă.** Era atât de frumoasă! Erau flori peste tot și un mic iaz cu pești în el. Am văzut, de asemenea, un leagăn pe care nu-l mai văzusem până atunci. Am fost atât de încântată să găsesc această grădină secretă și abia aștept să o explorez mai mult. A fost atât de **frumoasă**!

Erau flori peste tot și un mic iaz cu pești în el. Am văzut, de asemenea, un **leagăn pe care** nu-l mai văzusem până atunci. Am fost atât de încântată să găsesc această grădină secretă și abia aștept să o explorez mai mult. Mi-a plăcut și noua mea cameră. Era atât de mare și luminoasă, iar pe pereți erau deja postere cu formațiile mele preferate. Nici măcar nu a trebuit să-mi aduc **mobilă** proprie, pentru că aici existau deja un pat, o comodă și un birou. Acesta va fi cel mai bun an din toate timpurile! Am fost puțin emoționată că încep la o **școală** nouă, dar toți noii mei vecini au fost foarte prietenoși. Am întâlnit chiar și o fată care locuiește alături și a spus că va merge cu mine la școală în prima mea zi. Îmi place noua mea casă și sunt atât de încântată să încep acest nou capitol din viața mea! Mâine va fi minunat! Mă întreb ce aventuri ne așteaptă.

sono entusiasta di tutte le nuove avventure che mi aspettano. Oggi andrò di nuovo a esplorare il cortile per vedere cos'altro riesco a trovare. Chissà, forse troverò anche un **tesoro**. Non vedo l'ora di vedere cosa mi porterà la prossima settimana! La settimana successiva sono andata di nuovo in esplorazione nel cortile e ho trovato un giardino **segreto**. Era così bello! C'erano fiori dappertutto e un laghetto con i pesci. Ho visto anche un'altalena che non avevo mai visto prima. Ero così entusiasta di aver trovato questo giardino segreto e non vedo l'ora di esplorarlo ancora. Era così **bello**!

C'erano fiori dappertutto e un laghetto con dei pesci. Ho anche visto un'**altalena** che non avevo mai visto prima. Ero così entusiasta di aver trovato questo giardino segreto e non vedo l'ora di esplorarlo meglio. Mi è piaciuta molto anche la mia nuova stanza. Era così grande e luminosa e sulle pareti c'erano già i poster delle mie band preferite. Non ho nemmeno dovuto portare i miei **mobili**, perché c'erano già un letto, una cassettiera e una scrivania. Questo sarà l'anno migliore di sempre! Ero un po' nervosa all'idea di iniziare una nuova **scuola**, ma tutti i miei nuovi vicini sono stati così amichevoli. Ho persino conosciuto una ragazza che abita nella casa accanto e ha detto che verrà a scuola con me il primo giorno. Adoro la mia nuova casa e sono così entusiasta di iniziare questo nuovo capitolo della mia vita! Domani sarà fantastico! Mi chiedo quali avventure mi aspettano.

Întrebări de înțelegere

1. Unde locuiește persoana în cauză?

2. Cum se simte persoana în noua casă?

3. Care este partea preferată a persoanei în cauză din noua casă?

4. Ce a găsit această persoană în grădină?

5. Cine sunt vecinii?

6. Cum s-au simțit primele zile ale persoanei în noua casă?

7. Care este partea preferată a persoanei din noua cameră?

8. Ce plănuiește persoana să facă mâine?

9. Care a fost cea mai bună parte a primei săptămâni a persoanei în noua casă?

10. Ce este totul în noua cameră a persoanei?

Domande di comprensione

1. Dove vive la persona?

2. Come si trova la persona nella nuova casa?

3. Qual è la parte preferita della nuova casa?

4. Che cosa ha trovato la persona nel giardino?

5. Chi sono i vicini?

6. Come sono stati i primi giorni nella nuova casa?

7. Qual è la parte preferita della nuova stanza?

8. Che cosa ha intenzione di fare domani?

9. Qual è stata la parte migliore della prima settimana nella nuova casa?

10. Che cosa c'è nella nuova stanza della persona?

În tren

Am fugit la gară, dar am ajuns prea târziu. Trenul plecase deja fără mine. M-am simțit atât de **furioasă** și **dezamăgită** de mine însămi. Plănuisem să iau trenul pentru a-mi vizita bunicii care locuiesc la țară, dar acum trebuia să aștept o oră întreagă până la următorul tren. În schimb, am decis să mă plimb puțin prin oraș și am încercat să uit de ocazia ratată. În timp ce mă plimbam, am început să **visez cu ochii deschiși** la toate locurile în care te pot duce **trenurile.** Dintr-o dată, nu am mai fost atât de supărat. Mă întorc în gară și nu mă pot abține să nu observ locomotiva mare, roșie, albă și albastră care se îndrepta spre mine. Abia când îl văd pe **conductor** făcându-mi cu mâna de la fereastră, îmi dau seama că acest tren este pentru mine. Mă urc în tren și îmi găsesc un loc, așezându-mă pentru ceea ce se anunță a fi o călătorie lungă.

În timp ce ieșim din gară, nu pot să nu mă întreb unde mă va duce acest tren. Prin **câmpuri** verzi și peste râuri albastre, pe lângă munți și văi, nu se știe unde va ajunge acest tren vechi. Pe măsură ce noaptea începe să cadă, mă las purtat de un somn **liniștit**, legănat de mișcarea **ritmică** a vagoanelor pe șinele de jos. Când vine din nou dimineața, deschid ochii și descopăr că am ajuns într-un orășel undeva în mijlocul pustietății.

Sul treno

Corsi alla stazione ferroviaria, ma ero troppo in ritardo. Il treno era già partito senza di me. Mi sentivo così **arrabbiata** e **delusa** con me stessa. Avevo intenzione di prendere il treno per andare a trovare i miei nonni che vivono in campagna, ma ora avrei dovuto aspettare un'ora intera per il treno successivo. Decisi invece di passeggiare un po' per la città, cercando di dimenticare l'occasione persa. Mentre camminavo, ho iniziato a **sognare a occhi aperti** tutti i luoghi in cui il **treno** può portarti. Improvvisamente, non ero più così arrabbiata. Rientro in stazione e non posso fare a meno di notare la grande locomotiva rossa, bianca e blu che si dirige verso di me. Solo quando vedo il **capotreno che** mi saluta dal finestrino capisco che quel treno è per me. Salgo sul treno e trovo il mio posto, sistemandomi per quello che si preannuncia un lungo viaggio.

Mentre usciamo dalla stazione, non posso fare a meno di chiedermi dove mi porterà questo treno. Attraverso **campi** verdi e fiumi blu, passando per montagne e valli, non si sa dove andrà questo vecchio treno. Quando inizia a calare la notte, mi addormento in un sonno **tranquillo**, cullato dal movimento **ritmico** dei vagoni sui binari sottostanti. Quando arriva il mattino, apro gli occhi e scopro che siamo arrivati in una piccola città

Soarele abia se întrezărește la orizont în timp ce localnicii încep să se agite pe strada principală; arată ca orice altă zi aici, cu excepția unui singur lucru - lângă primărie este afișat un panou mare pe care scrie “Bine ați venit la bord!”. Se pare că acest orășel ne aștepta, chiar dacă suntem doar un tren de **pasageri** obișnuit care trece pe aici în drum spre altă parte. În timp ce lăsăm din nou orașul în urma noastră, mergând cu viteză spre cine știe ce destinație viitoare, zâmbesc la toate fețele prietenoase care ne fac cu mâna din acele căsuțe cuibărite printre **terenuri agricole -** este cu adevărat uimitor cum ceva atât de aparent obișnuit poate aduce atât de multă bucurie prin simpla noastră trecere. Și apoi, bineînțeles, mai sunt și **copiii**.

Mă aplec pe fereastra locomotivei mele. Întotdeauna mă fac să mă simt atât de fericit cu ochii lor strălucitori și cu zâmbetele lor mari. Le-am făcut cu mâna energic înainte de a mă întoarce în **cabina** mea și de a lua loc. A fost deja o zi lungă, dar încă nu s-a terminat; mai sunt câteva ore până când vom ajunge la **destinația** noastră finală. Îmi scot cartea și încep să citesc, lăsând legănarea ritmică a trenului să mă adoarmă într-o stare de liniște. Din când în când, ridic privirea spre peisajul care trece pe afară - nu se învechește niciodată, indiferent de câte ori îl văd. În cele din urmă, noaptea începe să cadă și lumini **strălucitoare** încep să apară în depărtare; ne apropiem acum.

nel bel mezzo del nulla. Il sole fa appena capolino all'orizzonte, mentre la gente del posto inizia a girare per la Main Street; sembra un giorno come un altro, tranne che per una cosa: c'è un grande cartello affisso vicino al municipio che recita "Benvenuti a bordo!". Sembra che questa piccola città ci stesse aspettando, anche se siamo solo un normale treno **passeggeri** di passaggio sulla nostra strada. Mentre ci lasciamo ancora una volta la città alle spalle, andando verso chissà dove, sorrido a tutte le facce amichevoli che ci salutano da quelle casette incastonate tra i **campi coltivati:** è davvero incredibile come qualcosa di così apparentemente ordinario possa portare tanta gioia semplicemente passando di lì. E poi, naturalmente, ci sono i **bambini**.

Mi affaccio al finestrino della mia locomotiva. Mi fanno sempre sentire così felice con i loro occhi lucidi e i loro grandi sorrisi. Li saluto energicamente prima di tornare nella mia **cabina** e sedermi. È stata già una lunga giornata, ma non è ancora finita; mancano ancora alcune ore per raggiungere la nostra **destinazione** finale. Tiro fuori il mio libro e inizio a leggere, lasciando che il dondolio ritmico del treno mi culli in uno stato di pace. Di tanto in tanto alzo lo sguardo verso il paesaggio che passa fuori: non diventa mai vecchio, anche se lo vedo tante volte. Alla fine inizia a calare la notte e le luci **scintillanti** cominciano ad apparire in lontananza; ci stiamo avvicinando.

Întrebări de înțelegere

1. Unde se îndreaptă trenul?

2. Cine călătorește în tren?

3. Când pleacă trenul?

4. Cum ajunge protagonistul în tren?

5. De unde vine trenul?

6. Unde merge trenul în continuare?

7. Când au sosit pasagerii?

8. Cum se simte protagonistul când pierde trenul?

9. Cum reacționează mecanicul de tren când îl vede pe protagonist?

10. De ce îi plac trenurile protagonistului?

Domande di comprensione

1. Dove va il treno?

2. Chi viaggia sul treno?

3. Quando parte il treno?

4. Come fa il protagonista a salire sul treno?

5. Da dove viene il treno?

6. Dove è diretto il treno?

7. Quando sono arrivati i passeggeri?

8. Come si sente il protagonista quando perde il treno?

9. Come reagisce il macchinista quando vede il protagonista?

10. Perché al protagonista piacciono i treni?

Gătitul cinei

Este ora 17.00 și mă întorc acasă de la serviciu. Aștept cu **nerăbdare** să am o seară liniștită acasă cu partenerul meu. Vom găti cina împreună și apoi ne vom relaxa pentru restul nopții. Mă simt bine să știu că nu am planuri sau obligații în această **seară**. Ajung acasă și partenerul meu este deja în bucătărie, începând să pregătească cina noastră. Miroase **extraordinar** aici! Stăm de vorbă în timp ce gătim, punându-ne la curent cu zilele celuilalt și împărtășind mici povești din viața noastră profesională. Bucătăria este camera mea preferată din apartamentul nostru. Îmi place să gătesc și, mai ales, îmi place să gătesc cu partenerul meu. Întotdeauna ne simțim atât de bine aici, râzând și glumind în timp ce gătim ca o furtună. În plus, mâncarea este întotdeauna **incredibilă atunci când** lucrăm **împreună**.

În această seară, pregătim una dintre rețetele mele preferate din toate timpurile: **pui cu** parmezan. Partenerul meu începe prin a împăna puiul, în timp ce eu pun sosul la fiert pe **aragaz**. Lucrăm împreună ca o mașină bine unsă și, în scurt timp, cina este gata de servit. Ne așezăm la mica noastră masă din bucătărie cu **farfurii** pline cu pui parmezan, paste și salată. Ciocnim paharele și luăm prima îmbucătură - și

Cucinare la cena

Sono le 17.00 e sto tornando a casa dal lavoro. Non vedo l'**ora** di passare una serata tranquilla a casa con il mio compagno. Cucineremo insieme la cena e poi ci rilasseremo per il resto della serata. È bello sapere che questa **sera non ho** programmi o obblighi. Arrivo a casa e il mio partner è già in cucina a preparare la cena. C'è un profumo **fantastico** qui dentro! Chiacchieriamo mentre cuciniamo, raccontandoci le nostre giornate e condividendo piccole storie della nostra vita lavorativa. La cucina è la mia stanza preferita del nostro appartamento. Adoro cucinare e soprattutto adoro farlo con il mio compagno. Ci divertiamo sempre molto qui dentro, ridendo e scherzando mentre cuciniamo. Inoltre, il cibo è sempre **incredibile** quando lavoriamo **insieme**.

Stasera prepariamo una delle mie ricette preferite di sempre: il **pollo** alla parmigiana. Il mio collega inizia a impanare il pollo, mentre io faccio cuocere la salsa sul **fuoco**. Lavoriamo insieme come una macchina ben oliata e in poco tempo la cena è pronta da servire. Ci sediamo al tavolo della nostra cucina con i **piatti** colmi di pollo alla parmigiana, pasta e insalata. Facciamo tintinnare i bicchieri e assaggiamo il primo boccone... ed è **paradisiaco**! Il pollo è croccante all'esterno ma succoso all'interno; il sugo è saporito e

este **divin**! Puiul este crocant la exterior, dar suculent în interior; sosul este savuros și perfect; pastele sunt gătite al dente... totul are un gust absolut perfect în seara asta. Amândoi știm că aceasta a fost una dintre acele nopți în care totul s-a potrivit perfect, în timp ce **savurăm** până la ultima îmbucătură din delicioasa noastră masă. A avut un gust chiar mai bun decât mirosea - ceea ce a fost al naibii de bun! Ne terminăm masa relativ repede, deoarece niciunul dintre noi nu este deosebit de înfometat astăzi, dar nu ne grăbim să savurăm încă câteva **pahare de** vin în timp ce discutăm ușor despre asta și despre celălalt subiect. După cină, facem curățenie rapid împreună și apoi ne mutăm în sufragerie, unde ne petrecem ceva timp **îmbrățișându-ne** pe canapea în timp ce ne uităm la televizor.

Este atât de plăcut să fim aproape unul de celălalt după o zi lungă de **lucru**. Mă simt mulțumită. Chiar dacă nu am avut o seară plină de evenimente, a fost plăcut să petrecem puțin timp împreună fără să fim nevoiți să ieșim din casă. Ne-am uitat la un film și ne-am culcat devreme, simțindu-ne **mulțumiți** de noaptea noastră simplă. Acesta a devenit unul dintre lucrurile noastre **preferate de** făcut în serile în care nu vrem să ieșim în oraș - doar să ne relaxăm acasă și să ne bucurăm de compania celuilalt la o masă gătită în casă. Este întotdeauna plăcut să știm că ne putem întoarce aici după o zi lungă și să fim noi înșine.

perfetto; la pasta è cotta al dente... tutto ha un sapore assolutamente perfetto stasera. Sappiamo entrambi che questa è stata una di quelle sere in cui tutto si è unito alla perfezione, mentre **assaporiamo** fino all'ultimo boccone il nostro delizioso pasto. Il sapore era persino migliore del profumo, che era dannatamente buono! Finiamo il pasto relativamente in fretta, visto che oggi nessuno dei due ha particolarmente fame, ma ci prendiamo tutto il tempo necessario per goderci qualche altro **bicchiere di** vino chiacchierando con leggerezza di questo e quell'argomento. Dopo cena, puliamo velocemente insieme e poi ci spostiamo in salotto, dove passiamo un po' di tempo **a coccolarci** sul divano guardando la TV.

È così bello stare vicini dopo una lunga giornata di **lavoro**. Mi sento soddisfatta. Anche se non abbiamo avuto una serata movimentata, è stato bello passare un po' di tempo insieme senza dover uscire di casa. Abbiamo guardato un film e siamo andati a letto presto, sentendoci **soddisfatti** della nostra semplice serata. Questa è diventata una delle cose che **preferiamo** fare nelle sere in cui non vogliamo uscire: rilassarci a casa e goderci la reciproca compagnia con un pasto fatto in casa. È sempre bello sapere che possiamo tornare qui dopo una lunga giornata ed essere semplicemente noi stessi.

Întrebări de înțelegere

1. De unde vine naratorul?

2. Ce face naratorul după serviciu?

3. Ce mănâncă naratorul la cină?

4. De ce îi place naratorului bucătăria?

5. Ce fel de mâncare gătește cuplul?

6. Cum se simte naratorul la sfârșitul serii?

7. Care este lucrul preferat al cuplului pentru a face?

8. Ce face cuplul atunci când obosește?

9. Unde dorm ei?

10. De ce îi place naratorului să stea acasă?

Domande di comprensione

1. Da dove viene il narratore?

2. Cosa fa il narratore dopo il lavoro?

3. Cosa mangia il narratore per cena?

4. Perché al narratore piace la cucina?

5. Che tipo di piatto cucina la coppia?

6. Come si sente il narratore alla fine della serata?

7. Qual è la cosa che la coppia preferisce fare?

8. Cosa fa la coppia quando è stanca?

9. Dove dormono?

10. Perché al narratore piace stare a casa?

Mergând acasă

Era o noapte **liniștită în** timp ce mă întorceam acasă de la serviciu. În timp ce mergeam, nu m-am putut abține să nu zâmbesc la amintiri. Mă simțeam bine să mă întorc în vechiul meu cartier. Am salutat câteva persoane pe care le cunoșteam, iar ele mi-au răspuns cu mâna. Era bine să fiu acasă. Am trecut pe lângă vechea mea școală și mi-am **amintit de** toate momentele frumoase pe care le-am petrecut cu prietenii mei. Întotdeauna mergeam acasă împreună și vorbeam despre ziua noastră. **Uneori ne** opream să luăm înghețată sau mergeam în parc. Acelea erau cele mai frumoase momente. Mi-e dor de acele vremuri. Dar acum am propria mea familie și sunt fericită cu viața mea. Mă bucur că pot să mă uit înapoi la acele amintiri și să zâmbesc. Sunt o parte din viața mea pe care o voi prețui mereu. Acelea au fost cele mai frumoase vremuri. Îmi lipsesc acele vremuri. Dar acum am propria mea familie și sunt fericită cu viața mea. Mă bucur că pot să mă uit înapoi la acele **amintiri** și să zâmbesc. Sunt o parte din viața mea pe care o voi prețui mereu.

Continui să merg, gândindu-mă la momentele frumoase pe care le-am petrecut cu prietenii mei. Știu că îi voi revedea în curând. Mă îndrept spre casa mea și decid

Camminare verso casa

Era una notte **tranquilla** mentre tornavo a casa dal lavoro. Mentre camminavo, non potevo fare a meno di sorridere ai ricordi. Era bello tornare nel mio vecchio quartiere. Salutai alcune persone che conoscevo e loro ricambiarono il saluto. Era bello essere a casa. Passai davanti alla mia vecchia scuola e **ricordai** tutti i bei momenti passati con i miei amici. Tornavamo sempre a casa insieme e parlavamo della nostra giornata. **A volte ci** fermavamo a prendere un gelato o andavamo al parco. Erano i momenti migliori. Mi mancano quei momenti. Ma ora ho la mia famiglia e sono felice della mia vita. Sono felice di poter guardare indietro a quei ricordi e sorridere. Sono una parte della mia vita che conserverò per sempre. Erano i tempi migliori. Mi mancano quei tempi. Ma ora ho la mia famiglia e sono felice della mia vita. Sono felice di poter guardare indietro a quei **ricordi** e sorridere. Sono una parte della mia vita che conserverò per sempre.

Continuo a camminare, pensando ai bei momenti passati con i miei amici. So che li rivedrò presto. Mi dirigo verso casa e decido di passeggiare in un parco lì vicino. Il sole sta tramontando e il cielo sta diventando di un **bel** colore arancione. Il parco è vuoto, a parte

să mă plimb printr-un parc din apropiere. Soarele apune, iar cerul capătă o **frumoasă** culoare portocalie. Parcul este pustiu, cu excepția câtorva păsări care ciripesc în copaci. **Respir** adânc și zâmbesc. În timp ce mă plimb prin parc, văd o stea căzătoare care străbate cerul. Mi-am pus o dorință pentru acea stea și am continuat să merg. Mă gândesc la ziua mea de la serviciu și la cât de **liniștită** a fost. Zâmbesc în sinea mea, gândindu-mă la cât de norocoasă sunt că am o slujbă atât de bună. Merg spre casă, **simțind** aerul rece al nopții pe pielea mea. Mă simt atât de vie și fericită, bucurându-mă doar de simplul act de a merge acasă într-o noapte liniștită.
M-am simțit atât de bine, încât am început să **fluier**. Am trecut pe lângă câțiva oameni pe stradă, dar toți își vedeau de treaba lor.

Am cotit colțul străzii mele și am văzut pisica vecinului meu, domnul Mustăcios, stând pe verandă. L-am salutat, iar el mi-a răspuns cu un mieunat. Am **descuiat** ușa și am intrat înăuntru. Eram atât de fericită că eram acasă. M-am descălțat și m-am pregătit de culcare. M-am dus la culcare în acea noapte, fericită și recunoscătoare, cu inima plină de dragoste. Am dormit liniștită toată noaptea, fără să-mi fac griji pentru nimic. M-am trezit dintr-un somn odihnitor și am fost **întâmpinat** de soarele care strălucea pe fereastra mea. M-am dat jos din pat și m-am întins, respirând adânc și simțind cum aerul rece îmi umple plămânii.

qualche uccello che cinguetta tra gli alberi. Faccio un **respiro** profondo e sorrido. Mentre cammino nel parco, vedo una stella cadente che attraversa il cielo. Esprimo un desiderio su quella stella e continuo a camminare. Penso alla mia giornata di lavoro e a quanto sia stata **tranquilla**. Sorrido tra me e me, pensando a quanto sono fortunata ad avere un lavoro così bello. Cammino verso casa, **sentendo** l'aria fresca della notte sulla mia pelle. Mi sento così viva e felice, godendomi il semplice atto di tornare a casa in una notte tranquilla.
Mi sentivo così bene che iniziai a **fischiettare**. Passai accanto ad alcune persone per strada, ma tutte si facevano gli affari loro.

Svoltato l'angolo della mia strada, vidi il gatto del mio vicino, Mr. Whiskers, seduto sul mio portico. Lo salutai e lui ricambiò il miagolio. **Aprii la** porta ed entrai.
Ero così felice di essere a casa. Mi tolsi le scarpe e mi preparai per andare a letto. Quella sera andai a letto felice e grata, con il cuore pieno d'amore. Dormii profondamente per tutta la notte, senza preoccuparmi di nulla. Mi svegliai da un sonno ristoratore e fui **accolta** dal sole che entrava dalla finestra. Mi alzai dal letto e mi stiracchiai, facendo un respiro profondo e sentendo l'aria fresca riempirmi i polmoni.

Întrebări de înțelegere

1. Ce făcea protagonistul când a început povestea?

2. La ce se gândea protagonistul când mergea spre casă?

3. Ce obișnuia protagonistul să facă cu prietenii după școală?

4. Ce îi lipsește protagonistului din acele vremuri?

5. Ce crede protagonistul despre viața sa actuală?

6. Ce face protagonistul atunci când vede o stea căzătoare?

7. Cum se simte protagonistul atunci când se îndreaptă spre casă?

8. Ce face protagonistul când ajunge acasă?

9. Cum se simte protagonistul când se trezește a doua zi dimineața?

10. Ce face protagonistul a doua zi?

Domande di comprensione

1. Cosa stava facendo il protagonista quando è iniziata la storia?

2. A cosa pensava il protagonista mentre tornava a casa?

3. Cosa faceva il protagonista con gli amici dopo la scuola?

4. Cosa manca al protagonista di quei tempi?

5. Cosa pensa il protagonista della sua vita attuale?

6. Cosa fa il protagonista quando vede una stella cadente?

7. Come si sente il protagonista quando torna a casa?

8. Cosa fa il protagonista quando torna a casa?

9. Come si sente il protagonista quando si sveglia la mattina dopo?

10. Cosa fa il protagonista il giorno dopo?

Castelul

Familia își dorise dintotdeauna să viziteze un castel vechi din **Germania și, în cele din** urmă, au făcut această călătorie. Nu au fost **dezamăgiți**. Castelul era frumos, iar ei s-au bucurat să îi exploreze numeroasele camere și coridoare. Primul lucru care i-a lovit a fost mirosul. Au găsit **mucegai**, umezeală și altceva pe care nu au putut pune degetul pe el. Al doilea lucru a fost sunetul. Pereții de piatră sunt groși, dar nu amortizează complet sunetul. Au auzit fiecare pas, fiecare cuvânt rostit cu voce normală și, ocazional, picuratul apei **undeva** în depărtare. Pe măsură ce ochii li s-au adaptat la lumina slabă, au văzut ziduri masive de piatră care se profilează în jurul lor, tapiserii atârnând de ele în zdrențe. Se aflau într-o sală imensă, cu un tavan înalt susținut de stâlpi sculptați. De asemenea, le-a plăcut priveliștea de la turnulețe, iar copiii s-au distrat de minune alergând pe teren. **Soarele** începuse să apună în momentul în care au terminat de explorat castelul și au regretat că nu au adus o **lanternă**. S-au hotărât să se întoarcă la intrare, dar s-au rătăcit curând. Au rătăcit ceea ce li s-a părut a fi ore întregi, până când, în cele din urmă, au dat peste o ușă care ducea afară. Au continuat până când au **ajuns la** capătul holului și au ajuns la un set impunător de uși duble. Oricât au încercat, ușile nu se mișcau. Zăngăneau **amenințător,**

Il castello

La famiglia aveva sempre desiderato visitare un antico castello in **Germania** e finalmente ha intrapreso il viaggio. Non sono rimasti **delusi**. Il castello era bellissimo e si sono divertiti a esplorare le sue stanze e i suoi corridoi. La prima cosa che li colpì fu l'odore. Trovarono **muffa**, umidità e qualcos'altro che non riuscirono a definire con precisione. La seconda cosa è stata il suono. I muri di pietra sono spessi, ma non attutiscono completamente il suono. Sentirono ogni passo, ogni parola pronunciata con voce normale e l'occasionale gocciolio dell'acqua **da qualche parte** in lontananza. Quando i loro occhi si adattarono alla luce fioca, videro le massicce mura di pietra che incombevano intorno a loro, con gli arazzi appesi a **brandelli**. Si trovavano in un'enorme sala con un alto soffitto sostenuto da pilastri scolpiti. Anche a loro piaceva molto la vista che si godeva dalle torrette e i bambini si divertivano un mondo a correre per il parco. Quando finirono di esplorare il castello, il **sole** era già tramontato e si pentirono di non aver portato una **torcia**. Decisero di tornare all'ingresso, ma si persero subito. Vagarono per ore e ore, finché alla fine trovarono una porta che conduceva all'esterno. Proseguirono fino **alla** fine del corridoio e si trovarono davanti a un'imponente serie di doppie porte. Per

dar nu se mișcau nici măcar un centimetru. Se părea că cel care fusese aici înainte trebuie să fi trecut pe aici și să le fi încuiat din interior. În cele din urmă, găsiră o cale de ieșire. Ușurarea îi cuprinse în timp ce ieșeau în aerul răcoros al nopții.

Soarele începuse să apună, iar ei au **regretat** că nu și-au adus o lanternă. S-au hotărât să se întoarcă la intrare, dar s-au rătăcit repede. Au rătăcit ceea ce li s-a părut a fi ore întregi, până când, în cele din urmă, au dat peste o ușă care ducea **afară**. S-au simțit ușurați când au ieșit în aerul răcoros al nopții. În seara următoare, au avut grijă să ia o lanternă cu ei în timp ce explorau restul castelului. Au mers prin **curte** și au coborât până la râul care curgea în spatele zidurilor **castelului.** În timp ce se plimbau, au început să audă zgomote ciudate. Părea că cineva îi urmărea. Și-au accelerat pasul, dar zgomotele deveneau mai puternice și mai apropiate. Familia a fugit înapoi la castel cât de repede a putut și au fost ușurați să vadă că personajul cu mantie **întunecată** nu i-a urmărit.

quanto potessero, le porte non si muovevano. Scricchiolano **minacciosamente**, ma non si muovono di un millimetro. Sembrava che chiunque fosse stato qui prima dovesse essere passato di qui e averle chiuse dall'interno. Alla fine trovano una via d'uscita. Il sollievo li invade mentre escono nell'aria fresca della notte.

Il sole aveva iniziato a tramontare e si **pentirono di non aver** portato una torcia elettrica. Decisero di tornare all'ingresso, ma presto si persero. Vagarono per ore e ore, finché alla fine trovarono una porta che conduceva all'**esterno**. Il sollievo li colse quando uscirono nell'aria fresca della notte. La sera successiva si assicurarono di portare con sé una torcia per esplorare il resto del castello. Attraversarono il **cortile** e scesero fino al fiume che scorreva dietro le mura del **castello**. Mentre camminavano, cominciarono a sentire strani rumori. Sembrava che qualcuno li stesse seguendo. Accelerarono il passo, ma i rumori diventavano sempre più forti e vicini. La famiglia tornò al castello il più velocemente possibile e si accorse con sollievo che la figura con il mantello **scuro** non li aveva seguiti.

Întrebări de înțelegere

1. Ce a făcut familia când s-a pierdut în castel?

2. Ce a simțit familia când a aflat că era vorba doar de un localnic?

3. Ce a făcut bărbatul de a fost arestat?

4. Care a fost sentința pentru acest om?

5. Ce zgomot a auzit familia în timp ce se plimba?

6. Unde se afla personajul în mantie întunecată când l-a văzut familia?

7. Ce a făcut familia când s-a întors în camera lor?

8. Când a mers familia să exploreze din nou castelul?

9. Care era lucrul pe care familia nu-l putea identifica?

10. Ce a făcut familia înainte de a merge din nou să exploreze castelul?

Domande di comprensione

1. Cosa fece la famiglia quando si perse nel castello?

2. Come si è sentita la famiglia quando ha scoperto che si trattava solo di un uomo del posto?

3. Che cosa ha fatto l'uomo che lo ha fatto arrestare?

4. Qual è stata la sentenza per l'uomo?

5. Quale rumore ha sentito la famiglia mentre camminava?

6. Dov'era la figura con il mantello scuro quando la famiglia lo vide?

7. Che cosa ha fatto la famiglia quando è tornata nella sua stanza?

8. Quando la famiglia è tornata a esplorare il castello?

9. Qual era la cosa che la famiglia non riusciva a capire?

10. Cosa fece la famiglia prima di tornare a esplorare il castello?

Grădina mea

Grădina mea este locul meu fericit. Mă duc acolo în fiecare zi, fie că plouă, fie că e soare, și îmi petrec timpul îngrijindu-mi plantele. Am câte puțin din **toate - legume**, fructe, flori, ierburi aromatice. Am chiar și câteva găini care mă ajută să țin la distanță dăunătorii. Îmi încep zilele în grădină culegând ouă de la găini. Apoi îmi verific legumele, asigurându-mă că primesc suficientă apă și soare. Curăț paturile de buruieni și culeg orice gândac care ar putea **ataca** plantele. După ce **totul** este rezolvat, mă așez și mă bucur de pacea și liniștea naturii.

Întotdeauna mi-a plăcut să-mi petrec timpul în grădină. Este ceva în a fi înconjurat de natură și de toată **frumusețea pe care o** oferă. Consider că este un loc foarte liniștit și liniștitor. Deseori îmi petrec timp în grădina mea doar relaxându-mă și bucurându-mă de peisaj. De asemenea, îmi place să lucrez în grădină și să cultiv lucruri. Am o grădină destul de mare și îmi place să cultiv o varietate de lucruri **diferite** în ea. Cultiv flori, **legume** și ierburi aromatice. De asemenea, am câțiva pomi fructiferi care produc mere, pere și prune delicioase. Pe lângă cultivarea de plante, îmi place să petrec timpul plimbându-mă prin grădină, **admirând** diferitele plante și animale care o locuiesc. Am petrecut

Il mio giardino

Il mio giardino è il mio luogo felice. Esco ogni giorno, con la pioggia o con il sole, e passo il tempo a curare le mie piante. Ho un po' di **tutto: verdure**, frutta, fiori, erbe aromatiche. Ho anche alcune galline che mi aiutano a tenere lontani i parassiti. Inizio le mie giornate in giardino raccogliendo le uova dalle galline. Poi controllo le verdure, assicurandomi che ricevano acqua e sole a sufficienza. Diserbo le aiuole e rimuovo gli insetti che potrebbero **attaccare** le piante. Una volta sistemato **tutto**, mi siedo e mi godo la pace e la tranquillità della natura.

Ho sempre amato trascorrere del tempo nel mio giardino. C'è qualcosa nell'essere circondati dalla natura e da tutta la **bellezza che** ha da offrire. Trovo che sia un luogo molto tranquillo e rilassante. Spesso trascorro il tempo nel mio giardino rilassandomi e godendomi il paesaggio. Mi piace anche lavorare nel mio giardino e coltivare. Ho un giardino di buone dimensioni e mi piace coltivare **diverse** cose. Coltivo fiori, **verdure** ed erbe aromatiche. Ho anche alcuni alberi da frutto che producono mele, pere e prugne deliziose. Oltre a coltivare, mi piace anche passare il tempo passeggiando nel mio giardino, **ammirando** tutte le piante e gli animali che lo abitano. Negli anni

multe ore de-a lungul anilor lucrând la transformarea **grădinii** mele într-un loc care să fie nu doar frumos, ci și funcțional. Îmi place să privesc păsările cum zburdă și să le ascult cum cântă. Uneori chiar scot o carte și citesc în grădină, înconjurată de toată frumusețea pe care am creat-o. **Grădinăritul** este pasiunea mea și îmi aduce atât de multă bucurie. Fiecare zi în grădina mea este o zi bună.

Unul dintre lucrurile pe care îmi place să le fac este să gătesc, așa că este foarte **important pentru** mine să am o grădină de plante aromatice bine aprovizionată. Cimbrul, busuiocul, oregano, rozmarinul, salvia și lavanda sunt doar câteva dintre plantele aromatice pe care îmi place să le cultiv în grădină, astfel încât să le pot folosi atunci când gătesc pentru mine sau pentru **oaspeți**. Un alt lucru care este important pentru mine când vine vorba de grădina mea este să mă asigur că există multă culoare în toată grădina. Pentru a atinge acest obiectiv, cultiv o mare varietate de flori, inclusiv **trandafiri**, crini, margarete, lalele, impatiens, gălbenele etc. Pe lângă adăugarea de culoare cu ajutorul florilor, îmi place să adaug interes prin utilizarea diferitelor **texturi în** întreaga grădină. De exemplu, aș putea planta ferigi sub floarea-soarelui sau hostas **alături de** ierburi ornamentale cu țepi. Indiferent ce se întâmplă în viață, lucrul în grădină **reușește** întotdeauna să mă ajute să mă simt mai conectată la natură și mai împăcată cu mine însămi.

ho trascorso molte ore a lavorare per rendere il mio **giardino** un luogo non solo bello ma anche funzionale. Mi piace osservare gli uccelli che svolazzano in giro e ascoltarli cantare. A volte tiro fuori un libro e leggo in giardino, circondata da tutta la bellezza che ho creato. Il **giardinaggio** è la mia passione e mi porta tanta gioia. Ogni giorno nel mio giardino è un buon giorno.

Una delle cose che amo fare è cucinare, quindi avere un giardino di erbe aromatiche ben fornito è molto **importante** per me. Timo, basilico, origano, rosmarino, salvia e lavanda sono solo alcune delle erbe che mi piace coltivare nel mio giardino per poterle usare quando cucino per me o per gli **ospiti**. Un'altra cosa importante per me quando si tratta del mio giardino è assicurarmi che ci sia molto colore in tutto il giardino. Per raggiungere questo obiettivo, coltivo una grande varietà di fiori, tra cui **rose**, gigli, margherite, tulipani, impatiens, calendule, ecc. Oltre ad aggiungere colore con i fiori, mi piace anche aggiungere interesse utilizzando diverse **texture** in tutto il giardino. Per esempio, potrei piantare felci sotto imponenti girasoli o hosta **accanto a** spigolose erbe ornamentali. Indipendentemente da ciò che accade nella vita, lavorare nel mio giardino **riesce** sempre a farmi sentire più connessa con la natura e in pace con me stessa.

Întrebări de înțelegere

1. Unde se află grădina autorului?

2. Câte găini are autorul?

3. Ce face autorul în grădină în fiecare zi?

4. De ce îi place autorului grădina?

5. Ce plante aromatice plantează autorul în grădină?

6. De ce este important pentru autor faptul că în grădina sa există multe culori?

7. Cum aduce autorul varietate în grădina sa?

8. Cum se simte autorul când lucrează în grădina sa?

9. Ce îl face pe autor să se simtă conectat atunci când se află în grădina sa?

10. De ce fiecare zi în grădina autorului este o zi bună?

Domande di comprensione

1. Dove si trova il giardino dell'autore?

2. Quanti polli ha l'autore?

3. Che cosa fa l'autore in giardino ogni giorno?

4. Perché all'autore piace il giardino?

5. Quali sono le erbe che l'autore pianta nel giardino?

6. Perché è importante per l'autore che ci siano molti colori nel suo giardino?

7. Come fa l'autore a dare varietà al suo giardino?

8. Come si sente l'autore quando lavora nel suo giardino?

9. Cosa fa sentire l'autore in sintonia quando è nel suo giardino?

10. Perché ogni giorno nel giardino dell'autore è un buon giorno?

Mergând la cumpărături

Îmi place să merg la **cumpărături** în mall. Este întotdeauna atât de distractiv să te plimbi și să te uiți la toate magazinele diferite. Există câte ceva pentru toată lumea în mall și este întotdeauna un loc minunat pentru a găsi oferte la haine, pantofi și accesorii. De **obicei**, îmi încep excursia de cumpărături mergând prin **intrarea** principală a mall-ului. De acolo, mă îndrept mai întâi spre magazinele mele preferate. După ce mă uit prin acele magazine, mă plimb și văd dacă sunt reduceri în alte locuri. De obicei, sfârșesc prin a petrece câteva ore în mall înainte de a-mi face în cele din urmă cumpărăturile. Întotdeauna îmi place să nu mă grăbesc atunci când fac cumpărături, **deoarece** vreau să mă asigur că iau **exact** ceea ce îmi doresc. În plus, e mai distractiv așa!

Întotdeauna mi se pare atât de **fascinant** să privesc oamenii în timp ce sunt la mall. Poți spune multe despre o persoană după felul în care își face cumpărăturile. Unii oameni sunt foarte metodici și nu se grăbesc, în timp ce alții par să ia **tot ce** pot și se îndreaptă spre casă cât mai repede posibil. Există, de asemenea, acei cumpărători care par mai interesați să vorbească

Fare shopping

Mi piace andare **a fare shopping al** centro commerciale. È sempre molto divertente passeggiare e guardare tutti i diversi negozi. Al centro commerciale ce n'è per tutti i gusti ed è sempre un ottimo posto per trovare offerte su vestiti, scarpe e accessori. **Di solito** inizio il mio shopping attraversando l'**ingresso** principale del centro commerciale. Da lì, mi dirigo prima verso i miei negozi preferiti. Dopo aver dato un'occhiata a quei negozi, vado in giro a vedere se ci sono saldi in corso in altri posti. Di solito trascorro un paio d'ore nel centro commerciale prima di fare i miei acquisti. Mi piace sempre prendermi il tempo necessario per fare shopping**, perché** voglio essere sicura di acquistare **esattamente** ciò che voglio. In più, così è più divertente!

Trovo sempre molto **affascinante** osservare le persone mentre sono al centro commerciale. Si può capire molto di una persona dal modo in cui fa acquisti. Alcune persone sono molto metodiche e si prendono il loro tempo, mentre altre sembrano prendere **tutto quello che** possono e dirigersi alla cassa il più velocemente possibile. Ci sono anche quelli che sembrano più

la telefonul mobil sau să trimită mesaje text decât să se uite efectiv la marfă! Indiferent de ce fel de cumpărător ești, totuși, toată lumea pare să se bucure de cumpărături din vitrine - chiar dacă nu cumperi nimic. Pur și simplu, privitul la toate lucrurile frumoase din **vitrinele** magazinelor este ceva care mă face fericită. Uneori îmi imaginez cum ar fi dacă mi-aș putea permite **tot ceea ce** văd! Una peste alta, să petrec o zi la cumpărături la mall este una dintre distracțiile mele preferate. Este o modalitate excelentă de a te relaxa și de a te destinde, făcând în același timp și puțină mișcare (dacă te plimbi suficient). În plus, este **întotdeauna** plăcut să te răsfeți cu o cămașă sau o pereche de pantofi noi din când în când!

Am avut o zi **lungă** la serviciu și, în sfârșit, am avut timp pentru mine, așa că am decis să merg la cumpărături la mall. Aveam nevoie de niște haine noi pentru sezonul **următor.** De îndată ce am intrat, am văzut toate luminile strălucitoare și vitrinele strălucitoare. M-am îndreptat mai întâi spre magazinul meu preferat și am început să răsfoiesc rafturile. Am găsit câteva topuri drăguțe și le-am probat în cabina de probă. În timp ce mă priveam în oglindă, am auzit pe cineva intrând în cabina de **probă de lângă a** mea. I-am recunoscut vocea ca fiind a unuia dintre colegii mei de muncă. Ne-am salutat și am început să discutăm despre muncă.

interessati a parlare al cellulare o a mandare messaggi piuttosto che guardare la merce! A prescindere dal tipo di acquirente, però, sembra che a tutti piaccia guardare le vetrine, anche se non si compra nulla. C'è qualcosa che mi rende felice nel guardare tutte le belle cose nelle **vetrine** dei negozi. A volte fantastico su come sarebbe se potessi permettermi **tutto quello che** vedo! Tutto sommato, trascorrere una giornata di shopping al centro commerciale è uno dei miei passatempi preferiti. È un ottimo modo per rilassarsi e distendersi, facendo anche un po' di esercizio fisico (se si cammina abbastanza). Inoltre, è **sempre** bello concedersi una camicia o un paio di scarpe nuove ogni tanto!

Ho avuto una **lunga** giornata di lavoro e finalmente avevo un po' di tempo per me, così ho deciso di andare a fare shopping al centro commerciale. Mi servivano dei vestiti nuovi per la **prossima** stagione. Appena sono entrata, ho visto tutte le luci e le vetrine scintillanti. Mi sono diretta prima al mio negozio preferito e ho iniziato a sfogliare gli scaffali. Ho trovato alcuni top carini e li ho provati nel camerino. Mentre mi guardavo allo specchio, sentii qualcuno entrare nel **camerino** accanto al mio. Ho riconosciuto la sua voce come quella di una mia collega. Ci siamo salutati e abbiamo iniziato a chiacchierare di lavoro.

Întrebări de înțelegere

1. Unde vă place să depozitați cel mai mult?

2. Care este magazinul tău preferat din mall?

3. Cât timp stați de obicei la mall?

4. Ce părere aveți despre oamenii care petrec mult timp la mall?

5. Care este lucrul pe care îl preferați să îl faceți la mall?

6. Ați cumpărat vreodată ceva la mall când nu aveați nevoie de acel lucru?

7. Cum reacționați când vedeți la mall ceva ce v-ar plăcea foarte mult, dar este prea scump?

8. Ați văzut vreodată ceva la mall și v-ați întrebat cine l-ar cumpăra?

9. Ce părere aveți despre oamenii care sunt ocupați cu telefoanele mobile în mall în loc să se uite la magazine?

Domande di comprensione

1. Dove vi piace di più conservare?

2. Qual è il vostro negozio preferito nel centro commerciale?

3. Quanto tempo si ferma di solito al centro commerciale?

4. Cosa pensa delle persone che trascorrono molto tempo al centro commerciale?

5. Qual è la cosa che preferite fare al centro commerciale?

6. Avete mai comprato qualcosa al centro commerciale quando non ne avevate davvero bisogno?

7. Come reagite quando al centro commerciale vedete qualcosa che vi piacerebbe molto, ma che costa troppo?

8. Avete mai visto qualcosa al centro commerciale e vi siete chiesti chi lo avrebbe comprato?

9. Qual è la sua opinione sulle persone che al centro commerciale sono impegnate con il cellulare invece di guardare i negozi?

La piață

Mă trezesc devreme sâmbătă dimineața, nerăbdător să ajung la **piață** înainte să fie prea aglomerată. Îmi arunc câteva haine pe mine și ies pe ușă, luându-mi pe drum pungile reutilizabile. În timp ce merg, încep să planific ce vreau să fac pentru săptămâna care urmează. Știu că vreau să **prăjesc** legume cel puțin o dată, așa că va trebui să cumpăr legume de bună calitate. De asemenea, vreau să fac o supă sau o tocană, așa că va trebui să iau și niște carne. Va trebui să văd ce mi se pare bun când ajung acolo. Piața este la doar câteva străzi distanță și deja văd tarabele instalate și **oamenii care se** înghesuie.

Ajung la piață și mă îndrept direct spre standul de legume. Selecția este frumoasă, iar eu îmi umplu sacoșele cu o varietate de produse **proaspete.** Stau puțin de vorbă cu fermierul, iar acesta îmi recomandă câteva rețete. Sunt nerăbdătoare să le încerc. Stau de vorbă cu **fermierii în** timp ce fac cumpărăturile, ajungând să îi cunosc pe ei și produsele lor. După ce am toate legumele de care am nevoie, trec la raionul de carne. Aici sunt puțin mai ezitantă, deoarece nu sunt sigură de ce vreau să iau. În cele din urmă mă decid pentru pui, deoarece este versatil și poate fi folosit într-o varietate de feluri de mâncare. De asemenea, cumpăr

Al mercato

Mi sveglio presto il sabato mattina, desiderosa di andare al **mercato** prima che sia troppo affollato. Mi infilo i vestiti e mi avvio verso la porta, prendendo le mie borse riutilizzabili. Mentre cammino, inizio a pianificare quello che voglio fare per la settimana a venire. So che voglio **arrostire le** verdure almeno una volta, quindi dovrò comprare delle verdure di buona qualità. Voglio anche fare una zuppa o uno stufato, quindi dovrò comprare anche della carne. Dovrò vedere cosa c'è di buono quando arriverò lì. Il mercato è a pochi isolati di distanza e vedo già le bancarelle allestite e la **gente** che vi si aggira.

Arrivo al mercato e mi dirigo subito verso il banco delle verdure. La scelta è bellissima e riempio le mie borse con una grande varietà di prodotti **freschi**. Parlo un po' con il contadino e mi consiglia alcune ricette. Non vedo l'ora di provarle. Mentre faccio la spesa, chiacchiero con i **contadini** per conoscere meglio loro e i loro prodotti. Dopo aver preso tutte le verdure che mi servono, passo al reparto carne. Qui sono un po' più titubante, perché non sono sicuro di quello che voglio prendere. Alla fine scelgo il pollo, perché è versatile e può essere utilizzato in diversi piatti. Compro anche alcuni tagli di carne diversi, assicurandomi di prendere

câteva bucăți diferite de carne, asigurându-mă că iau carne de vită hrănită cu iarbă și **pui crescut în aer** liber. Măcelarul era un om prietenos, mereu vesel, în ciuda orelor lungi de lucru. Mi-a împachetat pieptul de pui și friptura înainte de a discuta cu mine despre planurile sale de weekend. Mi-am luat la revedere de la el și mi-am continuat drumul. Am luat și câteva ouă și brânză de la raionul de lactate.

Piața era plină de oameni, cu toții dornici să pună **mâna pe** produsele proaspete și pe carnea care erau oferite. Aerul era îmbibat cu miros de usturoi și ceapă, iar sunetul râsului și al conversațiilor umplea aerul. Mi-am făcut loc prin mulțime, alegând celelalte articole de care aveam nevoie pentru cumpărăturile săptămânale. Mi-am umplut **coșul** cu fructe și legume, paste și pâine, înainte de a mă îndrepta spre casă. Coada era lungă, dar se mișca repede. În cele din urmă, ultimele **cumpărături au fost** cumpărate și era timpul să plec acasă. Mașina a fost încărcată, iar drumul spre casă a fost lung și anevoios. Traficul era îngreunat, iar căldura era opresivă. În cele din urmă, mașina a intrat pe alee și ușurarea a fost palpabilă. Casa era răcoroasă și liniștită și era un refugiu după **agitația de la** piață. Totul a fost pus deoparte, iar casa a revenit în curând la liniștea obișnuită. Aveam tot ce-mi trebuia pentru a pregăti câteva mese **delicioase pentru** mine și pentru familia mea. Era bine să fiu acasă.

carne di manzo nutrita con erba e **pollo** allevato all'aperto. Il macellaio era un uomo cordiale, sempre allegro nonostante le lunghe ore di lavoro. Mi ha incartato i petti di pollo e la bistecca prima di parlarmi dei suoi programmi per il fine settimana. Lo salutai e proseguii per la mia strada. Ho preso anche delle uova e del formaggio dal reparto latticini.

Il mercato era pieno di gente, tutti desiderosi di mettere le **mani sui** prodotti freschi e sulla carne che venivano offerti. Nell'aria si sentiva l'odore dell'aglio e delle cipolle, e il suono delle risate e delle conversazioni riempiva l'aria. Mi feci strada tra la folla, scegliendo gli altri articoli necessari per la mia spesa settimanale. Riempii il mio **cestino** di frutta e verdura, pasta e pane, prima di dirigermi alla cassa. La fila era lunga, ma si snodava rapidamente. Finalmente gli ultimi acquisti furono fatti ed era ora di tornare a casa. L'auto fu caricata e il viaggio verso casa fu lungo e noioso. Il traffico era intenso e il caldo opprimente. Alla fine l'auto entrò nel vialetto e il sollievo fu palpabile. La casa era fresca e silenziosa ed era un rifugio dopo il **trambusto** del mercato. Tutto fu messo a posto e la casa tornò presto alla sua solita pace e tranquillità. Avevo tutto il necessario per preparare dei piatti **deliziosi** per me e per la mia famiglia. Era bello essere a casa.

Întrebări de înțelegere

1. Unde se duce persoana respectivă?

2. Ce dorește persoana să cumpere?

3. Câte pungi are persoana în cauză?

4. Cât de departe este piața?

5. Ce face persoana respectivă în acest moment?

6. Ce este totul pe piață?

7. Câte persoane sunt în piață?

8. Cât timp i-a luat persoanei să cumpere totul?

9. Cum s-a întors acasă persoana în cauză?

10. Ce a făcut persoana respectivă când a ajuns acasă?

Domande di comprensione

1. Dove sta andando la persona?

2. Cosa vuole comprare la persona?

3. Quante borse ha la persona?

4. Quanto è lontano il mercato?

5. Cosa sta facendo la persona in questo momento?

6. Che cos'è il mercato?

7. Quante persone ci sono nel mercato?

8. Quanto tempo ha impiegato la persona a comprare tutto?

9. Come è tornata a casa la persona?

10. Cosa ha fatto la persona quando è tornata a casa?

La o cafenea

Era o dimineață răcoroasă de **toamnă,** iar eu stabilisem să mă întâlnesc cu prietena mea Lily la cafeneaua noastră preferată pentru o cafea. M-am învelit cu haina și fularul și am pornit la drum. Frunzele cădeau din copaci și aerul avea un iz de îngheț, dar soarele strălucea și promitea să fie o zi frumoasă. În timp ce mergeam, mă **gândeam** cât de bine era să am o prietenă ca Lily. Eram prietene de ani de zile, încă de când ne-am cunoscut la **universitate**. Ne-am legat prin dragostea noastră pentru cafea și prin faptul că ne petreceam timpul discutând în cafenele. Chiar dacă acum locuiam în părți diferite ale orașului, tot reușeam să ne întâlnim la o cafea o dată pe săptămână. Am ajuns la cafenea, iar Lily era deja acolo, așteptându-mă. Ne-am îmbrățișat pentru a ne saluta și apoi ne-am comandat cafelele. Am găsit o masă lângă fereastră și ne-am așezat să stăm de vorbă. **Cafeaua** a fost delicioasă, ca de obicei, și a fost atât de plăcut să mai vorbim cu Lily. Am vorbit despre săptămâna noastră, despre slujbele noastre și despre planurile noastre de viitor. Întotdeauna mi-a fost atât de ușor să vorbesc cu Lily și am simțit că pot să-i spun orice. După un timp, a început să ni se facă foame și am **decis** să comandăm ceva de mâncare.

In un caffè

Era una fredda mattina **d'autunno** e avevo fissato un appuntamento con la mia amica Lily al nostro bar preferito per un caffè. Mi avvolsi al caldo nel cappotto e nella sciarpa e mi avviai. Le foglie cadevano dagli alberi e l'aria era pungente, ma il sole splendeva e prometteva di essere una bella giornata. Mentre camminavo, **pensavo** a quanto fosse bello avere un'amica come Lily. Eravamo amiche da anni, da quando ci eravamo conosciute all'**università**. Avevamo legato per il nostro amore per il caffè e per il tempo trascorso a chiacchierare nei bar. Anche se ora vivevamo in zone diverse della città, riuscivamo comunque a vederci per un caffè una volta alla settimana. Arrivai al caffè e Lily era già lì ad aspettarmi. Ci salutammo con un abbraccio e poi ordinammo i nostri caffè. Trovammo un tavolo vicino alla finestra e ci sedemmo a chiacchierare. Il **caffè** era delizioso, come sempre, ed è stato così bello recuperare il tempo perduto con Lily. Parlammo della nostra settimana, dei nostri lavori e dei nostri progetti per il futuro. Era sempre così facile parlare con Lily e mi sembrava di poterle dire tutto. Dopo un po' cominciammo ad avere fame e **decidemmo** di ordinare qualcosa da mangiare.

Ordinammo il cibo e trovammo posto vicino alla

Am **comandat** mâncarea și am găsit un loc lângă fereastră. Soarele strălucea prin fereastră, făcând ca totul să fie cald și vesel. Am stat de vorbă în timp ce ne mâncam mâncarea, bucurându-ne de plăcerea simplă de a fi în **compania** celuilalt. Cafeneaua era ocupată, dar nu părea aglomerată. În aer se simțea un sentiment de pace și mulțumire. După ce ne-am terminat mâncarea, am stat mai mult timp, bucurându-ne pur și simplu de **atmosfera** liniștită. Am vorbit o vreme despre diferite lucruri care se întâmplau în viețile noastre. A fost atât de plăcut să mă întâlnesc cu prietenul meu și să mă **relaxez**. Soarele strălucea prin fereastră și am simțit că **nimic nu** ne putea strica ziua noastră perfectă.

Dintr-o dată, am auzit un zgomot puternic. M-am întors și am văzut că un bărbat căzuse prin tavan și zăcea pe podea în fața noastră. Era **acoperit** de praf și resturi și părea inconștient. Eu și prietenul meu eram amândoi în stare de șoc în timp ce ne uitam la bărbatul întins pe podea. Nu știam ce să facem sau pe cine să chemăm după ajutor. Stăteam acolo și ne uitam fix la el, fără să știm ce să facem. După câteva minute, mi-am revenit și am sunat la 911. Operatoarea mi-a spus că cineva va ajunge acolo în curând. Am închis telefonul și i-am spus prietenului meu ce mi-a spus **operatorul.** Amândoi am stat acolo așteptând să sosească ajutoare. Mi s-a părut o veșnicie, dar în cele din urmă a apărut o ambulanță. Paramedicii s-au grăbit să intre și au început să lucreze la om.

finestra. Il sole entrava dalla finestra, rendendo tutto più caldo e felice. Chiacchierammo mentre mangiavamo, godendoci il semplice piacere di stare in **compagnia**. Il caffè era affollato, ma non sembrava affollato. C'era una sensazione di pace e soddisfazione nell'aria. Finito il cibo, ci sedemmo ancora per un po', godendoci l'**atmosfera** tranquilla. Abbiamo parlato per un po' di cose diverse che stavano accadendo nelle nostre vite. È stato così bello recuperare il tempo perduto con la mia amica e **rilassarsi**. Il sole splendeva attraverso la finestra e sembrava che **nulla** potesse rovinare la nostra giornata perfetta.

All'improvviso sentii un forte schianto. Mi girai e vidi che un uomo era caduto dal soffitto e giaceva sul pavimento di fronte a noi. Era **coperto** di polvere e detriti e sembrava privo di sensi. Io e il mio amico eravamo entrambi sotto shock mentre fissavamo l'uomo steso sul pavimento. Non sapevamo cosa fare o chi chiamare aiuto. Rimanemmo lì a fissarlo, senza sapere cosa fare. Dopo qualche minuto mi sono ripreso e ho chiamato il 911. L'operatore mi disse che qualcuno sarebbe arrivato presto. Riattaccai il telefono e raccontai al mio amico quello che mi aveva detto l'**operatore**. Rimanemmo entrambe sedute ad aspettare l'arrivo dei soccorsi. Sembrava un'eternità, ma alla fine **arrivò** un'ambulanza. I paramedici si precipitarono e iniziarono a lavorare sull'uomo.

Întrebări de înțelegere

1. De unde vine omul care cade prin acoperiș?

2. De ce se află femeia cu prietena ei în cafenea?

3. Care este cafeneaua preferată a celor doi prieteni?

4. De cât timp se cunosc cei doi prieteni?

5. Care este băutura preferată a celor doi prieteni?

6. În ce oraș locuiesc cei doi prieteni?

7. Cât de des se întâlnesc cei doi prieteni?

8. Despre ce vorbesc cei doi prieteni atunci când se întâlnesc pentru prima dată la cafeneaua lor preferată?

9. Care este mâncarea preferată a celor doi prieteni?

10. De ce este atât de ușor să vorbești cu Lily?

Domande di comprensione

1. Da dove viene l'uomo che cade dal tetto?

2. Perché la donna è con la sua amica nel caffè?

3. Qual è il caffè preferito dai due amici?

4. Da quanto tempo i due amici si conoscono?

5. Qual è la bevanda preferita dai due amici?

6. In quale città vivono i due amici?

7. Quanto spesso si incontrano i due amici?

8. Di cosa parlano i due amici quando si incontrano per la prima volta nel loro caffè preferito?

9. Qual è il cibo preferito dai due amici?

10. Perché è così facile parlare con Lily?

Mergând la înot

Piscina a fost întotdeauna un loc **revigorant,** iar astăzi nu a fost diferit. Soarele strălucea, iar apa părea primitoare. Am respirat adânc și m-am scufundat, simțind îmbrățișarea răcoroasă a apei. Am înotat câteva ture de bazin, bucurându-mă de exercițiu și de șansa de a-mi limpezi mintea. După un timp, am ieșit și m-am uscat, apoi m-am așezat pe un prosop pentru a mă relaxa la soare. Am închis ochii și am lăsat **căldura să** mă cuprindă, simțind cum mușchii mei încep să se relaxeze. Dintr-o dată, am auzit un strop și am deschis ochii pentru a o vedea pe sora mea mai mică **vâslind** în zona de mică adâncime. Am zâmbit și am privit-o o vreme, apoi m-am ridicat și m-am îndreptat spre ea. Am stat puțin de vorbă și am vâslit împreună, bucurându-ne de compania celeilalte. În curând, părinții noștri ni s-au alăturat și ne-am petrecut restul după-amiezii înotând și jucându-ne împreună. Era întotdeauna atât de plăcut să petrecem timp cu familia la piscină. Este **ceva** în legătură cu prezența în apă care pare să aducă oamenii împreună. Poate pentru că suntem cu toții egali atunci când suntem în apă - nu ne putem ascunde defectele sau pretinde că suntem ceea ce nu suntem. Sau poate doar pentru că este distractiv! **Oricare ar fi** motivul, m-am bucurat că am putut să ne adunăm cu toții și să ne bucurăm de compania celorlalți într-un loc atât de

Andare a nuotare

La piscina era sempre un luogo **rinfrescante** e oggi non era diverso. Il sole splendeva e l'acqua sembrava invitante. Feci un respiro profondo e mi tuffai, sentendo il fresco abbraccio dell'acqua. Nuotai per un po', godendomi l'esercizio e la possibilità di schiarirmi le idee. Dopo un po' uscii e mi asciugai, poi mi sedetti su un asciugamano per rilassarmi al sole. Chiusi gli occhi e lasciai che il **calore** mi avvolgesse, sentendo i miei muscoli iniziare a rilassarsi. All'improvviso sentii uno spruzzo e aprii gli occhi per vedere la mia sorellina **che sguazzava** nel basso fondale. Sorrisi e la osservai per un po', poi mi alzai e mi avvicinai a lei. Chiacchierammo per un po' e pagaiarono insieme, godendo della reciproca compagnia. Presto i nostri genitori ci raggiunsero e passammo il resto del pomeriggio nuotando e giocando insieme. Era sempre così bello passare del tempo con la famiglia in piscina. C'è **qualcosa** nello stare in acqua che sembra unire le persone. Forse perché quando siamo in acqua siamo tutti uguali, non possiamo nascondere i nostri difetti o fingere di essere ciò che non siamo. O forse è solo perché è divertente! **Qualunque sia** la ragione, mi ha fatto piacere che ci siamo riuniti tutti insieme e che ci siamo goduti la reciproca compagnia in un luogo così speciale.

special.

Soarele îmi bătea pe piele, iar în aer se simțea mirosul de clor. Puteam auzi sunetele copiilor râzând și stropindu-se în piscină. Stăteam întinsă pe un **șezlong de lângă** piscină, mă bronzam la soare și mă **bucuram de** zi. Aveam ochii închiși și eram pe punctul de a adormi când am auzit pe cineva venind spre mine. Am deschis ochii și am văzut o femeie care stătea lângă mine. Purta un bikini și avea un prosop înfășurat în jurul taliei. Avea părul lung și blond și ochi albaștri. Ținea în mână o sticlă de **cremă de protecție solară.** "Te deranjează dacă îți dau cu cremă de protecție solară pe spate?", m-a întrebat ea. "Nu, e în regulă", am spus, așezându-mă în picioare pentru ca ea să ajungă la spatele meu. I-am simțit mâinile ei pe pielea mea în timp ce aplica crema de protecție solară.

Atingerea ei era blândă, iar mirosul de cremă de protecție solară era liniștitor. Am închis din nou ochii și m-am lăsat să mă relaxez. Auzeam **cum se** mișca, dar nu am deschis ochii. Eram mulțumit să stau întins la soare, ascultând sunetul valurilor care se **izbeau** de țărm. După câteva minute, ea s-a îndepărtat, iar eu am deschis ochii. Am privit-o cum se întorcea la șezlongul ei și își lua cartea. S-a așezat pe scaunul ei și a început să citească. Am închis din nou ochii și m-am lăsat să adorm. Am **visat că** înotam în piscină, făcând ture înainte și înapoi.

Il sole batteva sulla mia pelle e l'odore di cloro era nell'aria. Sentivo il rumore dei bambini che ridevano e sguazzavano nella piscina. Ero sdraiata su una sedia a **sdraio** accanto alla piscina, a prendere il sole e a **godermi la** giornata. Avevo gli occhi chiusi e stavo per addormentarmi quando sentii qualcuno avvicinarsi a me. Aprii gli occhi e vidi una donna in piedi accanto a me. Indossava un bikini e aveva un asciugamano avvolto intorno alla vita. Aveva lunghi capelli biondi e occhi azzurri. Aveva in mano un flacone di **crema solare**. "Ti dispiace se ti metto un po' di crema solare sulla schiena?", mi chiese. "No, va bene", risposi, sedendomi in modo che potesse raggiungermi la schiena. Sentii le sue mani sulla mia pelle mentre applicava la crema solare.

Il suo tocco era delicato e il profumo della crema solare era rilassante. Chiusi di nuovo gli occhi e mi rilassai. Sentivo il **rumore** dei suoi movimenti, ma non aprii gli occhi. Mi accontentai di stare sdraiato al sole, ascoltando il rumore delle onde **che si infrangevano** sulla riva. Dopo qualche minuto si allontanò e io aprii gli occhi. La guardai mentre tornava alla sua poltrona e prendeva il suo libro. Si sistemò sulla sedia e iniziò a leggere. Chiusi di nuovo gli occhi e mi lasciai andare al sonno. **Sognai** che stavo nuotando in piscina, facendo dei giri avanti e indietro.

Întrebări de înțelegere

1. Unde se afla naratorul când începe povestirea?

2. Ce miroase naratorul când deschide ochii?

3. Ce aude naratorul când deschide ochii?

4. A cui este crema de protecție solară pe care femeia i-o dă naratorului?

5. La ce visează naratorul?

6. De ce este înotul în mare atât de special pentru narator?

7.Cum se simte apa în care înoată naratorul?

8. Ce vede naratorul când iese din apă?

9. Ce face femeia după ce pune crema de protecție solară pe narator?

Domande di comprensione

1. Dove si trovava il narratore quando ha iniziato la storia?

2. Che odore sente il narratore quando apre gli occhi?

3. Cosa sente il narratore quando apre gli occhi?

4. Di chi è la crema solare che la donna dà al narratore?

5. Che cosa sogna il narratore?

6. Perché il bagno in mare è così speciale per il narratore?

7.Come si sente l'acqua in cui nuota il narratore?

8. Cosa vede il narratore quando esce dall'acqua?

9. Cosa fa la donna dopo aver messo la crema solare al narratore?

Tunsul gazonului

Este ora 10 dimineața într-o **sâmbătă de** vară, iar soarele bate deja fără milă. Vă târâți până în garaj pentru a aduce mașina de tuns iarba, simțindu-vă ca și cum ați fi **condamnat** la muncă silnică. Începi să tunzi gazonul, asigurându-te că mergi încet ca să nu ratezi niciun loc. În timp ce tundeți, vă gândiți la cât de bine vă simțiți să fiți afară, la aer curat. În timp ce începi să împingi mașina de tuns iarba înainte și înapoi pe gazon, îl vezi cu coada **ochiului pe** vecinul tău. Îi faci cu mâna și îl saluți, iar el îți răspunde cu mâna.

După câteva minute, ați terminat și vă îndreptați spre casa vecinului pentru a bea o bere cu el în grădina din față. Este o zi **perfectă** - nu este prea cald, cu o briză ușoară. Stai la umbra copacului, sorbind berea și stând de vorbă cu vecinul tău. Zilele ca acestea te fac să apreciezi vara. Apoi te **îndrepți** înăuntru pentru o bere binemeritată. Te așezi pe un scaun pe veranda din față și desfaci cutia de bere, lăsând să iasă un oftat de mulțumire. Sunetul mașinii de tuns iarba se estompează în fundal în timp ce vă relaxați la umbră, bucurându-vă de **liniștea** momentului. Berea are un gust deosebit de bun după atâta muncă grea în căldură. Eram pe punctul de a intra înăuntru când am auzit un zgomot alături.

Tagliare il prato

Sono le 10 del mattino di un **sabato** estivo e il sole picchia già senza pietà. Si va in garage a prendere il tosaerba, con la sensazione di essere **condannati** ai lavori forzati. Iniziate a tagliare il prato, facendo attenzione ad andare piano per non perdere nessun punto. Mentre si taglia, si pensa a quanto sia bello stare all'aria aperta. Mentre iniziate a spingere il tosaerba avanti e indietro per il prato, con la coda dell'**occhio** vedete il vostro vicino. Lo salutate con la mano e lui ricambia.

Dopo qualche minuto, avete finito e vi recate a casa del vostro vicino per bere una birra con lui nel giardino davanti a casa. È una giornata **perfetta**: non fa troppo caldo e soffia una leggera brezza. Ci si siede all'ombra dell'albero, sorseggiando la birra e chiacchierando con il vicino. Sono giornate come questa che fanno apprezzare l'estate. Poi si **entra** in casa per una meritata birra. Ci si sdraia su una sedia del portico e si apre la lattina, tirando un sospiro soddisfatto. Il rumore del tosaerba passa in secondo piano mentre vi rilassate all'ombra, godendovi la **tranquillità del** momento. La birra ha un sapore ancora più buono dopo tutto quel duro lavoro al caldo. Stavo per rientrare in casa quando ho sentito un rumore nella stanza accanto.

Se **auzea** ca și cum cineva plângea. M-am oprit din tuns și m-am apropiat de gardul care ne despărțea curțile. M-am uitat peste și am văzut-o pe vecina mea, doamna Johnson, plângând pe balansoarul de pe verandă. Am strigat-o, dar nu m-a auzit. M-am cățărat peste gard și am mers la ea. “Doamnă Johnson, vă simțiți bine?” Am întrebat-o. S-a uitat la mine cu lacrimi în ochi și a dat din cap. “Nu, nu sunt bine”, a spus ea. “Pisica mea a murit ieri”. Am fost șocată. Nu am știut ce să spun. Am stat acolo stânjenită, fără să știu ce să fac. În cele din urmă, mi-am pus mâna pe **umărul** ei și i-am spus: “Îmi pare foarte rău, doamnă Johnson. Dacă vă pot ajuta cu ceva, vă rog să mă anunțați. “ Ea a clătinat din cap și a spus: “Nu, nimeni nu poate face nimic”. Apoi s-a ridicat și a intrat în casa ei. Am stat acolo o clipă, fără să știu ce să fac. Apoi m-am întors la tunsul gazonului. În timp ce terminam, nu m-am putut abține să nu mă gândesc la doamna Johnson și la pisica ei.

Sembrava che qualcuno stesse piangendo. Smisi di falciare e mi avvicinai alla recinzione che separava i nostri cortili. Mi affacciai e vidi la mia vicina, la signora Johnson, che piangeva sul dondolo del suo portico. La chiamai, ma non mi sentì. Scavalcai la recinzione e mi avvicinai a lei. "Signora Johnson, sta bene?". Le chiesi. Lei mi guardò con le lacrime agli occhi e scosse la testa. "No, non sto bene", disse. "Ieri è morto il mio gatto". Ero scioccato. Non sapevo cosa dire. Rimasi lì impacciato, senza sapere cosa fare. Alla fine le misi una mano sulla **spalla** e dissi: "Mi dispiace molto, signora Johnson. Se posso fare qualcosa per aiutarla, me lo faccia sapere". "Lei scosse la testa e disse: "No, nessuno può fare **niente**". Poi si alzò ed entrò in casa sua. Rimasi lì per un momento, senza sapere cosa fare. Poi tornai a tagliare il prato. Mentre finivo, non potei fare a meno di pensare alla signora Johnson e al suo gatto.

Întrebări de înțelegere

1. Ce oră este?

2. Unde se află persoana care tunde?

3. Cum se simte persoana?

4. De ce trebuie ca persoana să coasească încet?

5. Ce fel de vreme este?

6. Ce face persoana după ce tunde?

7. Ce aude persoana înainte de a pleca acasă?

8. Cine este cu doamna Johnson?

9. De ce plânge doamna Johnson?

10. Ce îi spune persoana respectivă doamnei Johnson?

Domande di comprensione

1. Che ora è?

2. Dove si trova la persona che sta falciando?

3. Come si sente la persona?

4. Perché la persona deve falciare lentamente?

5. Che tempo fa?

6. Cosa fa la persona dopo la falciatura?

7. Cosa sente la persona prima di tornare a casa?

8. Chi è con la signora Johnson?

9. Perché la signora Johnson piange?

10. Cosa dice la persona alla signora Johnson?

Obținerea unei tunsori

Voiam să mă tund de săptămâni întregi, dar mereu reușeam să o amân. Dar, cum **Crăciunul era** aproape, știam că nu mai puteam amâna. Nu voiam să mă prezint la cina de Crăciun a familiei mele arătând ca o mizerie neîngrijită. Așa că, devreme în dimineața de Crăciun, m-am îndreptat spre salon. Chiar dacă era devreme, salonul era deja ocupat cu alte persoane care își **făceau** părul pentru sărbătoare. Mi-am ocupat locul la coadă și mi-am așteptat rândul. În cele din urmă, a venit rândul meu pe scaun. Stilista, o femeie prietenoasă pe nume Jill, m-a întrebat ce doresc. “Doar o tunsoare, nimic prea drastic”, i-am răspuns. Jill s-a apucat de treabă, tăindu-mi părul. În timp ce lucra, am început să mă relaxez. Mă simțeam bine că, în sfârșit, aveam grijă de mine. Fusesem atât de ocupată în ultima vreme, alergând de colo-colo, având grijă de toți ceilalți, încât îmi lăsasem propriile nevoi să cadă în uitare. Dar nu **mai era așa**. De acum încolo, aveam de gând să-mi fac timp pentru mine.

Când Jill a terminat, m-am uitat în oglindă și am fost mulțumită de ceea ce am văzut. Părul meu arăta îngrijit și lustruit - perfect pentru întâlnirile de sărbători. **I-am**

Tagliarsi i capelli

Erano settimane che volevo tagliarmi i capelli, ma in qualche modo riuscivo sempre a rimandare. Ma con il **Natale** alle porte, sapevo che non potevo più rimandare. Non volevo presentarmi alla cena di Natale della mia famiglia con un aspetto trasandato. Così, la mattina presto di Natale, mi sono recata al salone. Anche se era presto, il salone era già pieno di persone che **si facevano** fare i capelli per le feste. Presi posto nella fila e aspettai il mio turno. Finalmente arrivò il mio turno sulla poltrona. La parrucchiera, una donna gentile di nome Jill, mi chiese cosa volessi. “Solo una spuntatina, niente di troppo drastico”, risposi. Jill si mise al lavoro, tagliando i miei capelli. Mentre lavorava, cominciai a rilassarmi. Mi sentivo bene a prendermi finalmente cura di me stessa. Ultimamente ero stata così occupata a correre in giro per prendermi cura di tutti gli altri, che avevo lasciato cadere in secondo piano i miei bisogni. Ma **ora** non **più**. D’ora in poi avrei trovato il tempo per me stessa.

Quando Jill ha finito, mi sono guardata allo specchio e sono rimasta soddisfatta di ciò che ho visto. I miei capelli avevano un aspetto ordinato e curato, perfetto

mulțumit lui Jill și mi-am notat **în minte** să revin mai des. De acum înainte, voi avea grijă de mine în primul rând. S-a apucat de treabă și mi-a tăiat părul. M-am gândit la cât de recunoscătoare eram că în sfârșit reușisem să mă tund. Mă simțeam bine să știu că voi arăta prezentabil pentru **masa de** Crăciun. Nu va mai trebui să-mi fac griji că familia mea mă va tachina din cauza aspectului meu "neîngrijit". După câteva minute, stilistul a terminat de tuns și mi-a făcut o uscare rapidă a părului. M-am privit în oglindă și am fost mulțumită de ceea ce am văzut - un look curat, care ar fi fost perfect pentru cina de Crăciun. Acum că tunsoarea mea era gata, mă puteam concentra pe petrecerea sărbătorilor cu familia mea. Și am fost și mai recunoscătoare pentru asta.

M-am simțit atât de **eliberată și mi-a** plăcut cum arăta noua mea tunsoare. După ce am plătit pentru tunsoare, m-am dus acasă și am început să-mi fac bagajele pentru călătorie. Abia așteptam să le arăt noul meu look familiei și prietenilor mei. Știam că vor fi surprinși când mă vor vedea. În ziua zborului meu, am ajuns la aeroport cu suficient timp liber. Am trecut fără probleme de controlul de securitate și, în scurt timp, am pornit la drum. De îndată ce am ajuns la destinație, am simțit emoția din aer. Crăciunul era cu siguranță în aer! Familia mea a fost acolo pentru a mă întâmpina la aeroport și toți au fost uimiți de noua mea tunsoare.

per le feste. **Ringraziai** Jill e presi **nota** di tornare più spesso. D'ora in poi mi prenderò cura di me stessa prima di tutto. Si mise al lavoro per tagliare i miei capelli. Pensai a quanto fossi grata di essermi finalmente decisa a tagliarmi i capelli. Era bello sapere che sarei stata presentabile per la **cena** di Natale. Non avrei più dovuto preoccuparmi che la mia famiglia mi prendesse in giro per il mio aspetto "trasandato". Dopo qualche minuto, la parrucchiera finì di tagliarmi i capelli e mi diede una rapida asciugata. Mi guardai allo specchio e fui felice di ciò che vedevo: un look pulito che sarebbe stato perfetto per la cena di Natale. Ora che il taglio di capelli era stato superato, potevo concentrarmi sulle vacanze con la mia famiglia. Ed ero ancora più grata per questo.

Mi sentivo così **libera** e adoravo l'aspetto del mio nuovo taglio di capelli. Dopo aver pagato il taglio, sono tornata a casa e ho iniziato a fare i bagagli per il mio viaggio. **Non** vedevo l'ora di mostrare il mio nuovo look alla mia famiglia e ai miei amici. Sapevo che sarebbero rimasti sorpresi quando mi avrebbero visto. Il giorno del volo sono arrivata all'aeroporto con molto tempo a disposizione. Ho superato i controlli di sicurezza senza problemi e presto sono partita. Non appena arrivai a destinazione, sentii l'eccitazione nell'aria. Il Natale era decisamente nell'aria! La mia famiglia era lì ad accogliermi all'aeroporto ed erano tutti stupiti del mio nuovo taglio di capelli.

Întrebări de înțelegere

1. Ce trebuia să facă protagonistul înainte de Crăciun?

2. Ce a simțit protagonista în legătură cu îngrijirea de sine?

3. Cine a tuns-o pe protagonistă?

4. De ce familia protagonistei avea de gând să o necăjească?

5. Cum s-a simțit protagonista după ce s-a tuns?

6. Ce a făcut protagonista după ce s-a tuns?

7. Care a fost reacția familiei protagonistei la tunsoarea ei?

8. Ce a făcut protagonistul în Ajunul Crăciunului?

9. Ce a făcut ca experiența protagonistului să fie mai specială?

Domande di comprensione

1. Che cosa doveva fare il protagonista prima di Natale?

2. Come si è sentita la protagonista nel prendersi cura di sé?

3. Chi ha tagliato i capelli al protagonista?

4. Perché la famiglia della protagonista la prendeva in giro?

5. Come si è sentita la protagonista dopo essersi tagliata i capelli?

6. Che cosa ha fatto la protagonista dopo essersi tagliata i capelli?

7. Qual è stata la reazione della famiglia della protagonista al suo taglio di capelli?

8. Che cosa ha fatto il protagonista la vigilia di Natale?

9. Cosa ha reso più speciale l'esperienza del protagonista?

Parcul

Soarele apunea, iar parcul era gol. M-am așezat pe o bancă, așteptându-mi **prietenul**. Ne plănuisem să ne întâlnim aici cu o oră în urmă, dar ea întârzia mereu. Tocmai când eram pe cale să renunț și să mă duc acasă, am văzut-o alergând spre mine. "Îmi pare atât de rău", a oftat ea când a ajuns pe bancă. "Trenul meu a avut **întârziere.**" "E în regulă", am spus eu **iertător**. "Abia am ajuns aici." Ne-am așezat și am stat de vorbă o vreme, punându-ne la curent cu viața fiecăruia de când ne-am întâlnit ultima dată. Conversația a curs cu **ușurință** și am simțit că nu a trecut deloc timp de când ne-am văzut ultima dată. Pe măsură ce soarele apunea, ne-am luat rămas bun și am plecat pe drumuri separate. Următoarea dată când ne-am întâlnit, a fost într-un alt parc. Din nou, ea a întârziat, dar nu m-a deranjat. A fost plăcut să am pe cineva cu care să vorbesc și care să mă **înțeleagă.** Am vorbit despre visele și **aspirațiile** noastre, despre lucrurile pe care voiam să le facem în viață. Ea mi-a povestit despre planurile ei de a călători în lume, iar eu i-am împărtășit visul meu de a deveni scriitor. Pe măsură ce soarele apunea într-o altă zi, ne-am luat la revedere încă o dată, promițând să ținem legătura de data aceasta.

Anii au trecut, iar **prietenia** noastră a rămas puternică,

Il parco

Il sole stava tramontando e il parco era vuoto. Mi sedetti sulla panchina ad aspettare la mia **amica**. Avevamo programmato di incontrarci qui un'ora fa, ma lei era sempre in ritardo. Proprio quando stavo per arrendermi e tornare a casa, la vidi correre verso di me. "Mi dispiace tanto", ansimò quando raggiunse la panchina. "Il mio treno è **in ritardo**". "Non c'è problema", dissi **con indulgenza**. "Sono appena arrivato anch'io".
Ci siamo seduti e abbiamo chiacchierato per un po', aggiornandoci sulle nostre vite dall'ultima volta che ci siamo visti. La conversazione è fluita **facilmente** e ci è sembrato che non fosse passato affatto del tempo dall'ultima volta che ci siamo visti. Al tramonto ci siamo salutati e abbiamo preso strade diverse. La volta successiva ci incontrammo in un altro parco. Anche in questo caso era in ritardo, ma non mi dispiaceva. Era bello avere qualcuno con cui parlare che mi **capisse**. Parlammo dei nostri sogni e delle nostre **aspirazioni**, delle cose che volevamo fare nella nostra vita. Lei mi parlò dei suoi progetti di viaggiare per il mondo e io le confidai il mio sogno di diventare scrittrice. Al tramonto di un altro giorno, ci siamo salutate ancora una volta, promettendo di tenerci in contatto questa volta.

Gli anni sono passati e la nostra **amicizia** è rimasta

chiar dacă acum locuiam în părți diferite ale țării. Am păstrat legătura prin scrisori și apeluri telefonice ocazionale, împărtășind unul cu celălalt noutăți din viața noastră. Când a anunțat că se căsătorește, nu am fost **surprins** - ea fusese întotdeauna genul **aventurier.** Dar când m-a întrebat dacă aș vrea să fiu domnișoara ei de onoare la ceremonia de nuntă, care avea loc în cealaltă parte a lumii față de locul în care locuiam... a fost nevoie de ceva convingere! În cele din urmă, însă, nu puteam să o las pe cea mai bună prietenă a mea să se căsătorească fără să fiu alături de ea, așa că, în ciuda temerilor mele (și după multe rugăminți din partea ei!), am fost de **acord** să particip la ceea ce s-a dovedit a fi **aventura** vieții mele.

Ziua **nunții** a sosit în sfârșit. Eram emoționată, dar entuziasmată să iau parte la un moment atât de important din viața prietenei mele. Ceremonia a fost frumoasă, iar ea părea fericită în timp ce își rostea jurămintele. **După aceea**, am sărbătorit cu o petrecere mare - se părea că toți cunoscuții ei veniseră să sărbătorească cu ea! A fost o zi **magică pe** care nu o va uita niciodată, iar prietenia noastră a devenit doar mai puternică după această aventură. Acum, ani mai târziu, încă păstrăm legătura. Amândouă ne-am **schimbat** mult de când ne-am cunoscut, dar prietenia noastră este la fel de puternică ca întotdeauna.

forte, anche se ora viviamo in zone diverse del Paese. Ci siamo tenute in contatto tramite lettere e telefonate occasionali, condividendo le notizie della nostra vita. Quando annunciò che si sarebbe sposata, non ne fui **sorpreso**: era sempre stata un tipo **avventuroso**. Ma quando mi ha chiesto di farle da damigella d'onore alla cerimonia di matrimonio che si sarebbe svolta a metà strada dal luogo in cui vivevo... c'è voluto un po' per convincerla! Alla fine, però, non potevo permettere che la mia migliore amica si sposasse senza di me al suo fianco, così, nonostante le mie paure (e dopo molte suppliche da parte sua!), ho **accettato** di partecipare a quella che si è rivelata l'**avventura** di una vita.

Finalmente è arrivato il giorno del **matrimonio**. Ero nervosa, ma entusiasta di partecipare a un momento così importante della vita della mia amica. La cerimonia è stata bellissima e lei sembrava felice mentre pronunciava le sue promesse. **Dopo**, abbiamo festeggiato con una grande festa: sembrava che tutti i suoi conoscenti fossero venuti a festeggiare con lei! È stato un giorno **magico** che non dimenticherò mai, e la nostra amicizia si è rafforzata dopo quell'avventura. Ora, a distanza di anni, ci teniamo ancora in contatto. Siamo **cambiate** molto da quando ci siamo conosciute, ma la nostra amicizia è più forte che mai.

Întrebări de înțelegere

1. Unde s-au întâlnit pentru prima dată autoarea și prietena ei?

2. De ce a întârziat prietenul autorului la întâlnirea lor?

3. Despre ce au vorbit prietenii atunci când s-au reîntâlnit ani mai târziu?

4. Ce a simțit autoarea când a participat la ceremonia de nuntă a prietenei sale?

5. Descrieți cadrul în care se desfășoară ceremonia de nuntă.

6. Cum s-a schimbat prietenia dintre cele două femei de-a lungul timpului?

7. Care este visul autorului?

8. Unde intenționează să călătorească prietenul autorului?

9. De ce a ezitat autoarea să participe la ceremonia de nuntă a prietenului ei?

Domande di comprensione

1. Dove si sono incontrati per la prima volta l'autrice e la sua amica?

2. Perché l'amico dell'autore è arrivato in ritardo all'incontro?

3. Di che cosa hanno parlato gli amici quando si sono rivisti anni dopo?

4. Come si è sentita l'autrice ad assistere alla cerimonia di matrimonio della sua amica?

5. Descrivete l'ambientazione della cerimonia nuziale.

6. Come è cambiata l'amicizia tra le due donne nel corso del tempo?

7. Qual è il sogno dell'autore?

8. Dove intende viaggiare l'amico dell'autore?

9. Perché l'autrice esitava a partecipare alla cerimonia di matrimonio della sua amica?

www.ingramcontent.com/pod-product-compliance
Lightning Source LLC
LaVergne TN
LVHW010604160826
845677LV00013B/3230

* 9 7 9 8 8 4 6 2 5 1 4 5 8 *